拥抱
你的客户

HUG YOUR CUSTOMERS

STILL The Proven Way to Personalize Sales and
Achieve Astounding Results

全新修订版

[美]杰克·米切尔 ◎著
（Jack Mitchell）

张若涵　曹　烨 ◎译

中国科学技术出版社
·北　京·

北京市版权局著作权合同登记　图字：01-2022-5435。

图书在版编目（ＣＩＰ）数据

拥抱你的客户：全新修订版 /（美）杰克·米切尔著；张若涵，曹烨译 . -- 北京：中国科学技术出版社，2023.2（2024.4 重印）

书名原文：HUG YOUR CUSTOMERS：STILL The Proven Way to Personalize Sales and Achieve Astounding Results

ISBN 978-7-5046-9834-6

Ⅰ . ①拥… Ⅱ . ①杰… ②张… ③曹… Ⅲ . ①销售学 Ⅳ . ①F713.3

中国版本图书馆CIP数据核字 (2022) 第 202085 号

执行策划	黄　河　桂　林	
责任编辑	申永刚	
策划编辑	申永刚　刘颖洁	
特约编辑	郎　平	
版式设计	王永锋	
封面设计	东合社·安宁	
责任印制	李晓霖	

出　　版	中国科学技术出版社	
发　　行	中国科学技术出版社有限公司发行部	
地　　址	北京市海淀区中关村南大街16号	
邮　　编	100081	
发行电话	010-62173865	
传　　真	010-62173081	
网　　址	http://www.cspbooks.com.cn	

开　　本	787mm×1092mm　1/32	
字　　数	211千字	
印　　张	10	
版　　次	2023年2月第1版	
印　　次	2024年4月第2次印刷	
印　　刷	深圳市精彩印联合印务有限公司	
书　　号	ISBN 978-7-5046-9834-6/F·1064	
定　　价	89.80元	

HUG **YOUR CUSTOMERS**

· · · · · · · · · · ·

"拥抱"是一种比喻，

象征着与每位客户建立个性化的关系，

充满激情地为客户

提供卓越的定制化服务。

· · · · · · · · · · ·

拥 抱 你 的 客 户

———

HUG

YOUR CUSTOMERS

拥抱你的客户

吴 丹

前程无忧前副总裁

在从事客户服务与营运管理工作的 10 多年间，我每天都和形形色色的客户打交道，这种工作经历使我有机会去反复思考一个问题——"客户"的含义和范畴到底是什么？只有明白了这个问题，我们才有可能把服务与产品精准地投递到位。或许，有些人认为这个问题的答案是显而易见的，但事实并非如此。我曾经用这个问题询问了 50 多个人，而我得到的答案接近 50 种。这种差异受两个基本因素的影响：一是描述的方式有所差异，二是切入的角度与侧重点不同。这就说明这个看似简单的问题并不那么简单。

那么"客户"的含义与范畴到底是什么呢？是那些潜在的交易对象，还是那些能够给我们带来一定商业收益的买家或卖家？事实上，这些都应归于传统意义上的客户范畴，但是你是否想过，真正意义上的"客户"，其范畴不应该仅仅局限于企业外部，或者不应该仅仅局限在那些有可能给企业带来直接现金收益的群体上，而应该将我们每天都见到的同事也纳入。这些同事包括你的上级、下属和合作团队的成员，又或许"客户"的范畴还应该包括我们的家人和朋友。

如果大家真的这样思考并身体力行，那么我坚信，我们的思维将得到很大程度的拓展，企业和个人所拥有的资源也将得到很大程度上的扩充，潜在的回报也同样是惊人的。更加值得注意的是，当处在类似金融危机这样的关键时刻，你团队的无间合作才是最大收益的根本保障，你的家人、朋友才是你永远的支持者与追随者。

其实上述问题在杰克·米切尔带给大家的这本《拥抱你的客户》中都可以找到答案，需要的只是放下固有的偏见与纯粹的自我。

如果你感觉有些疲劳或不知所措，那么你可以读一读杰克·米切尔带给大家的《拥抱你的客户》中的第1章，杰克在书中用真实的案例向你展示，该如何调整自己的心态。

如果你对如何培养优秀员工这样类似的话题感兴趣，那么你可以阅读第3章，杰克同样会在本书中向你细述挖掘与培养优秀员工的关键所在……阅读杰克·米切尔的《拥抱你的客户》，相信你可以从各种小的案例中找寻到客户的真谛与含义，用拥抱的态度来感受客户的温暖与回报。

权威推荐 HUG
YOUR CUSTOMERS

邓　斌

华为公司原中国区规划咨询总监、《管理者的数字化转型》作者

这本书畅销 20 载，引领了中国千行百业无数销冠，新版带来鲜活有趣新故事、商机转化新思维、数智技术新策略，而不变的是竭尽全部热情与才华为客户提供个性化服务的核心经营哲学。在当下中国消费引领增长的关键时期，本书值得每一位追求卓越的商界人士细细品读和领悟。

姜维勇

文化学者、资深媒体人、深圳大学城市文化研究所特约研究员

深圳之窗城市阅读推广人

从电商到直播带货，从大数据模型到 ChatGPT……变化的是眼花缭乱的世界，不变的是未知的客户。这本有关销售的经典著作，带给了读者有趣而实用的建议与技巧。学会"拥抱你的客户"，才能活下去，活得好。

孙路弘

营销及销售行为专家、高级营销顾问、《销售与市场》特邀专栏作者

北京大学国际工商管理硕士班客座教授

我终于知道通用电气、IBM、大通、美林、百事这些美国 500 强企业首席执行官的西服都是在哪里买的了。原来就是本书的作者开的米切尔服装店。"拥抱客户"就是他经营的秘诀，就是让米切尔服装店年收入超过 6 000 万美元的核心武器。阅读本书后，你能够快速掌握 60 个魔法、8 个步骤，从而赢得客户一生的订单。拥抱本书，开始你的旅程吧！

肯·布兰佳博士　畅销书《知道做到》《一分钟经理人》作者

在今天，仅仅让客户满意是不够的，你必须培养出狂热的粉丝客户。阅读《拥抱你的客户》，你就能知道如何做到这一点。

斯蒂文·J. 海耶　可口可乐公司总裁兼首席运营官

杰克成功的秘诀是拥抱，它类似于可口可乐公司的秘密配方——链接的力量；热诚地关心顾客，并辅之以不折不扣的执行，再添加一些人情味。这一切都很重要，一切都相互关联。特别是在今天的环境下，小事也很重要并且影响很大。杰克的书提醒我们：胜负往往取决于是否拥有激情。

鲍勃·莱特　通用电气公司副董事长兼首席执行官

米切尔家族可以被列入关爱客户的名人堂。杰克、比尔及其家人，为使顾客在商店里、大街上和社区中都有回家般的感觉，做出了非常了不起的贡献。他们的商品和服务都非常出色。他们在关注客户感受和满意度方面，超过了绝大多数公司。

安娜·穆卡希　施乐公司前董事长兼首席执行官

杰克·米切尔的《拥抱你的客户》是关于客户服务的绝佳教材，因为所有人都会高谈阔论，但却极少有人能够做到。米切尔家族的经验体现了同客户交往的精髓：了解每位顾客的需求并据此进行市场营销。

吉尔多·杰尼亚　杰尼亚（世界著名男装品牌）**首席执行官**

将新旧价值观与"拥抱"文化融合后，我相信米切尔和杰尼亚两家企业的合作关系将在这个既有不确定性又有充满机遇与挑战的新时代下愈加紧密。

理查德·J. 哈林顿　汤姆逊公司总裁兼首席执行官

杰克·米切尔创建了将客户服务做到淋漓尽致的组织文化。米切尔服装店的工作内容已经远远超出了卖衣服的范围，并且米切尔服装店将拥抱客户这个概念提升到了全新的高度。

霍莉·拉什　陆逊梯卡（全球最大眼镜零售网络之一）**北美地区总裁**

杰克·米切尔是一颗宝石。他致力于为客户提供世界级服务的真诚与热情体现在方方面面。我很自豪地说，杰克和他鼓舞人心的想法及概念现在已经成为我们文化的一部分。我们相信，服务是未来取胜的关键因素，并期待着在未来几十年中保持拥抱精神。

西摩尔·斯登堡　纽约人寿保险公司首席执行官

这是一本了不起的著作，是经理的必读书，只要客户服务同你的工作有关，你就应该看看。

迈克尔·珀利斯　福布斯媒体总裁兼首席执行官

55 年来，我一直在享受米切尔家族慷慨提供的服务，这是我的另一个家。在温暖、舒适的环境中提供优质产品，一直是贯穿米切尔家族的主线，是伟大的业务和终生关系的结合，这是一种双赢。如果你需要一个拥抱和随之而来的自信？那就前往你的第二个家，去看看米切尔夫妇吧。

鲍勃·纳尔逊博士
纳尔逊激励公司总裁、《奖励员工的 1001 种方法》作者

《拥抱你的客户》传递了令人耳目一新的信息，任何公司都能够而且也应该借鉴。全身心接受这些观点，你就会看到公司业绩飞涨！

大卫·博克　世界领先的家族企业顾问

杰克·米切尔以清晰的思路、独到的见解和有趣的故事，描述了米切尔家族是如何利用"人"的价值，成为美国经营得最好的家族企业之一。

迈克尔·I. 罗斯

埃培智（世界第四大广告与传播集团）**董事长兼首席执行官**

全球商业传播的领导者

我在理查兹购物已经几十年了，我喜欢这些衣服，但我回来是因为他们的商业文化，杰克称之为"拥抱你的客户"。那里的每个人，无论是销售员、裁缝，还是米切尔家族成员，他们都认识我，我也认识他们，我们就像朋友一样。任何希望提供非凡客户服务的人都能从本书中受益。

威廉·T. 艾伦　沃纳公司董事长兼首席执行官

杰克和他的家人，以及整个米切尔团队对客户的关注无人能及。本书是沃纳公司全体管理人员的必读书。关注客户才是成功的关键因素。

尼古拉斯·M. 多诺福里奥　IBM 公司创新和技术部前执行副总裁

本书充满了严谨的商业建议和生活建议。杰克和比尔以及米切尔家族全体成员不仅在工作中十分严谨，在生活中也同样如此。

R. 格伦·哈伯德　哥伦比亚大学商业研究生院院长

没有人比米切尔家族更能超出顾客的期望，他们每天都在这样做。每当杰克在哥伦比亚大学商学院就他的"拥抱"文化做演讲时，研究生都会被他所鼓舞，进而想在商业世界中尽情"拥抱"。《拥抱你的客户》充满了简单、行之有效的商业理念，这些是每一个商业领袖带领企业在当代经济中蓬勃发展都需要的。

成功取决于
为客户提供愉悦体验的方式

有时看似随意的评论，却值得人们穷尽一生去品味——这句话虽然听起来有点可笑，但的确就发生在我身上。

由我经营的米切尔百货公司创建于 1958 年，是一家传承三代的家族企业，在纽约、华盛顿、加利福尼亚州、康涅狄格州和俄勒冈州经营男装和女装专卖店，以个人服务风格和牢固的关系在全美国享有盛名。目前，我们的年销售额已经超过 1.25 亿美元。

几年前，我受邀参加费尔柴尔德出版社主办的一个研讨会，与会者都是服装行业的首席执行官。尽管会议在亚利桑那州的旅游胜地无忧镇举行，但大多数与会者实在说不上无忧无虑。因为零售行业经受了无情的冲击，几乎所有商家都在亏本。百货商店在竭力抵抗折扣商店的冲击，网络销售也正为整个零售业带来巨大变革，同时顾客还在投诉服务质量的低劣。我所参与的研讨组的题目颇能概括当时的阴郁气氛：服装行业的黑洞。

你记得自己的前 100 位顾客吗？

不过，我的心情可不是这样。我几乎每天都热情洋溢、积极乐观。我的性格本身就是这样。因为在我看来，永远没有"半空"的酒杯。酒杯都是 5/8 满的，更多的时候，甚至满得溢了出来。

在介绍参加研讨会的成员之前，主讲人和组委会成员谈到了客户服务状况恶化的问题。他怀疑与会的数百名经理中，可能没有几位记得自己的前 100 名顾客是谁。他让大家举手，看有谁记得自己的前 100 名顾客。我立刻举起了手。我环顾四周，却发现居然只有我一人举手。

虽然只有我的手在空中摇晃令我有点尴尬，但大家对这一基本经营信息的忽视让我十分诧异。因为就我而言，一般在家闲来无事时，比起读书，我更喜欢在电脑中调出前 100 名或 1 000 名顾客的资料来研究，就像为参加入学考试背单词一样。

这些名字会存进我大脑的"某个角落"，并在那里安营扎寨。正如我曾将全明星棒球运动员乔·迪马吉奥（Joe DiMaggio）和米基·曼特尔（Mickey Mantle）的统计数据背得滚瓜烂熟一样，现在我尝试着牢记这 1 000 名顾客的所有信息。这是我的秘诀：了解客户。

介绍完与会者之后，我们每人得到 7 分钟，就"黑洞"这个话题谈谈看法。我的看法同其他人区别很大。首先，在我看来，只要采取恰当的方法，今天的零售业就会是一座火山，而不是一个"黑洞"——火山爆发将带来许多好东西，比如光明、热量。

我发言说，这么多同行不知道自己前100名顾客的名单，令我感到十分惊讶。希望我的话不会显得太骄傲自大，我接着说道，"我熟悉我的前1 000名顾客"。米切尔服装店全体上下，从销售员、裁缝到送货员，都全神贯注地为顾客服务，并因此取得了可观的销售成绩。我记得所有每年在我们店里消费5 000美元的顾客，也记得那些每年消费2万美元或10万美元的顾客。我们甚至还拥有几位每年消费25万美元的顾客！没错，每年在我们店消费25万美元！我还会关注24位年销售额高达100多万美元的销售员。

在过去，个人年销售额达到100万美元似乎闻所未闻。但现在，我们甚至有5位员工的年销售额达到200万美元，有一位员工的年销售额竟然达到了不可思议的300万美元。要知道，我们全镇不过2.8万人！这意味着需要卖出多少服装和首饰啊，我们是一件一件把它们卖出去的，而且每次只服务一名顾客。

接着，我讲了几个故事，讲我们为了满足顾客的期望，是如何煞费苦心，有时甚至需要冒险。当我讲了7分钟后，我已经气喘吁吁。每当我谈到家族生意时，我都会这样。我回到自己的座位，同桌有人琢磨着那些奇闻轶事，冲我笑道："哦，杰克，你接下来该不会想告诉我们，你和你的销售员真的会拥抱你们的顾客吧？"

我看着他，毫不犹豫地答道："当然。大家不都这样吗？"

直到这时，我才明白过来。其他人并不像我们那样，真正拥抱顾客。所以说我们是名副其实的"拥抱者"。有时，我们真的会拥抱顾客。我曾经见过，有些销售员先是给顾客一个"熊抱"，然后才陪同他们穿梭于店内选购。但一般来讲，我们说拥抱顾客，只是一个比喻而已。我们全心全意关心客户所需，做生意就应该这样，虽然其他人未必如此。

每当谈到如何对待顾客时，我都喜欢使用"拥抱"这个词。开始时仅限于我自己，后来家人和员工也开始如此。我们所做的其他事情，例如后面将要谈及的"大秘密""比赛日"和"公式"，都来源于这个简单而关键的做法。

在我的脑海里，拥抱意味着激情。没有激情和努力，客户服务工作就永远无法做到出类拔萃。有人曾对我说："杰克，你简直太痴迷于出类拔萃的客户服务工作了！"

为什么商界成功人士都喜欢购买我们的产品？

本书的主题，是一个家族的销售哲学。我们家三代一直在为费尔菲尔德县和韦斯特切斯特县的人们提供衣服。这里住着许多高级经理人，在此办公的公司也越来越多。

我们的服装店离纽约很近，离中央火车站不到一小时车程。但有人告诉我们，这里是一个完全不同的世界，因为我们在每位顾客身上都倾注了精力、时间和关爱。

我父母在 1958 年的时候选了一家之前是五金店的铺面开始做服装生意，当时店里只有三套西服和免费饮用的咖啡。我母亲为顾客煮咖啡的锅，就是平时家里做早餐的锅。每天下班，她必须把锅从店里带回家，好好刷洗一番。但即便在这样有限的条件下，他们第一年就卖出了价值 5 万美元的服装。我的父母因此大受鼓舞。

现在，我们在康涅狄格州有米切尔家族和理查德两家服装店。在长岛的亨廷顿，我们有马希斯（Marshs）；在旧金山和帕洛阿尔托有威尔克斯·巴什福德（Wikes Bashford）。我们的年销售额超过了 1.25 亿美元，我们充满热情地出售西装，实行一对一服务并拥抱顾客。我们在韦斯特波特和附近的格林尼治都取得了这样的成绩。前者是仅有 2.8 万人的小镇，而后者也不过 6 万人左右。

在我们的理念中，所有居民都是潜在客户。我们通过各种方式，竭尽全力给他们留下愉快且值得回忆的购物体验，拥抱他们让他们下次再买更多的衣服。

无论是在美国国内还是在全世界，在同等规模的高档服装店中，我们即使不是最最成功的，也是最成功的之一。这不是因为我们的产品特殊，也不是因为我们的价格低廉，其他服装店可能有更物美价廉的衣服。**我们的成功取决于为顾客提供了愉悦消费体验的方式。**

我敢说，在同等规模的高档服装店中，光顾我们店并购买服装的美国商界人士是最多的。这么说绝非夸大其词。我们的客户包括许多知名大公司的首席执行官、总裁、业主、首席财务官、部门经理和企业家。这些家喻户晓的大公司，包括通用电气、IBM、百事、必能宝、摩根大通、美林、摩根士丹利、苹果、谷歌、脸书、推特、Instagram、施乐等。

我仔细数过，发现我们的客户包括 500 多位首席执行官和总裁。此外，还包括这些公司数以千计的经理及职员。

我们还为不少电影演员和体育运动员提供服装，他们都是十分关心自己外表的成功人士，知道服装对事业成功极其重要。虽然衣服并不是万能的，但确实会对个人职业生涯产生重要影响。此外，我还要骄傲地宣布，我们的客户还包括曾与我一起上学的消防队员和警官，他们也希望通过合适的穿着让自己看上去精神一些。

适用于所有需要为客户提供服务的行业

我深信，我们的方法决不仅限于如何更好地卖西服和套装！这也是我撰写本书的原因。很多客户和朋友都鼓励我同大家分享我们的故事，以帮助其他公司更好地满足客户需要，因为客户也渴望得到更好的待遇。

同多数人一样，我自己每天也都会受到商家冷冰冰的对待，并经常被搞得火冒三丈。

前不久，我到常去的一家超市买火鸡，但他们却说没有。他们怎么会连火鸡都没有呢？超市经理并未表示要帮我去找，也没告诉我应该到哪里去找，甚至连丝毫的歉意都没有。他们的态度就是：活该！

15 年来，我们全家在当地的雪佛莱经销商那里买了 20 多辆汽车。

然而，这么多年里，他们从未拜访过我们，看看汽车有没有出什么问题，或者询问有没有再买一辆的打算。一个字儿都没有！一旦车开出店，我们就被经销商遗忘了。与上述事实相反的情况倒是极少发生。而一旦遇到那样的好事儿，我就会非常高兴。多年以前，IBM 公司来向我们推销电脑，在同销售商闲聊时，我提到要去新罕布什尔观看儿子的体育比赛。他立刻说道："嗨，我最近刚拿到飞行执照，要不现在就坐我的飞机去吧？"我高兴得大叫了出来："哇！"

我们同 IBM 公司的关系由此建立——通过一架飞机进行的"拥抱"！米切尔服装店的目标就是：使人们高兴地大叫一声"哇"！我真心希望所有商家都能做到这一点。毫无疑问，我深信我们的拥抱文化适用于任何商品的销售活动，无论是通心粉，还是飞机发动机、地毯、股票、债券、保险或懒人沙发。我们经营服装店所应用的管理理论，适用于所有需要为客户提供服务的行业。我实在想不出有哪些行业不适用。

我们的服务哲学来源于长年累月在店铺销售服装的切身体验。这是我奉行的第一销售法则，直到现在我依然会每天到店进行销售，脖子上缠着皮尺，为客户翻找尺码，将客户迎到适合他的专区。

虽然我在店铺中坚持自己的理念，但我的工作更多的是协调我们的团队和客户的想法。因为"拥抱客户"的销售哲学是我们整个家族企业的立身之本。米切尔家族一共有九名成员投身于我们的企业，所有人都对我们的生意做出过重要的贡献。

我父母白手起家辛勤创业，制定的许多规定一直沿用至今。我的弟弟比尔一直是我得力的合伙人，在通过拥抱顾客销售服装方面，向我传授了无数的经验教训。如果没有他，米切尔服装店不可能取得今天这样的巨大成就。比尔几乎总在店里忙个不停，嘴里滔滔不绝地讲着最新的笑话，任何时候都是笑容满面，活像米切尔服装店的领班。我们兄弟俩一共有七个儿子，我教给孩子们知识的同时，从他们身上也学到了不少东西。所以与其说我在写米切尔服装店是如何卖衣服的，不如说我写的是一种米切尔家族三代人集体智慧的结晶。

任何人一旦成为本店客户，便等同于和我们建立起一种持久的关系。他们会成为我们的朋友。**我们的座右铭是：一朝客户，终身朋友。**自创业伊始便是这样，今后也将依然如此。因为我很清楚，客户实际上非常渴望能同重视人际关系的商家打交道。他们希望被"哄着"，他们喜欢销售员笑脸相迎。他们十分在意我们的感谢便笺。

同时，优秀的销售员也希望在拥有和睦人际关系的公司工作。而这些公司也势必更成功，因为"关系销售"毫无疑问将带来高产值和高利润。在一家人际关系和睦的公司里，清晨去上班是一桩乐事。我们大家当然都希望高高兴兴地度过每一天。

我认为，之所以米切尔服装店能取得这样的成功，并不仅仅是因为我们认识到了关系的重要性。许多公司也都明白这一点。**关键在于如何建立关系。而这正是拥抱哲学的有用之处。因为执行力才是一切。**说到底，一件又一件地卖西装，一辆又一辆地卖汽车，一台又一台地卖割草机，有时候是很无聊的事。为了改变这种状况，你可以尝试去接近每一位客户，将他们当作各具特色的挑战和机会。这就是秘诀。

修订与更新

距离本书第一次出版已经过去二十多年了。时过境迁，企业的境况也经历了很大的改变。

不过，最大的剧变还是技术进步的步伐逐渐加快。航空、金融、酒店、超市，甚至是园艺器材，任何与互联网销售搭界的产业都在蓬勃发展。从苹果公司到扎珀斯（Zappos，是一家美国卖鞋的 B2C 网站，自 1999 年开站以来，如今已成长为美国网上卖鞋的最大网站，超过了 Amazon），各行各业都在想方设法地将最新技术应用到销售之中。很明显，这种趋势给各种类型的企业都带来了不同程度的冲击，尤其是那些依靠"实体店"经营的产业。

我的企业也迎来了翻天覆地的变化。十年前，我只在康涅狄格州拥有两家商铺，现在数量已经增长为五家，坐拥美国的两端，东邻大西洋，西邻太平洋。这感觉真爽！套装、领带、裙装和鞋子的销量均达到了前所未有的高峰。不光如此，珠宝生意也顺风顺水。我们不仅扛过了 2008 年的国际金融危机，还将它视作跳板，一举扩大了商业版图。

但不会改变的是企业致力于建立客户关系、为客户提供个性化服务的核心经营哲学。我们不断提升着服务水平，以及客户的满意度。自从 1958 年我的父母创立了家族产业之后，我们的信仰和价值观从未改变，我敢说哪怕到了 2058 年，这份初心也仍旧不会改变。

没有什么比本书能收到如此多的好评，更让我震惊和感动了。几乎每周我都会接到读者发来的电子邮件或打来的电话，说他们出售苍蝇拍或电动工具的公司，在采纳了我的一些想法后取得了良好的效果。这些回应不仅来自美国，还有印度、南非、厄瓜多尔，甚至来自西伯利亚地区。

但目前众多企业提供的客户服务却越来越少，这样的情况每天都在发生，这个事实让我感到无比沮丧。在这个被瞬息万变的网络购物和个性化交流充斥的时代，我坚信人们在内心深处仍然渴望能得到真实的微笑和感谢。

因此，我决定重新整理本书。其中，书中大部分内容依旧保持不变。正如我所说的，我们仍然会遵循一些历久弥新的"戒律"。我在本次整理中的大部分工作，就是对一些参考进行修订，以确保它们能跟上时代的脚步。我增加了自己名下企业的历史。我喜欢讲故事，因此就加了一些店铺经营中发生的故事，都是和客户服务相关的、真实的故事。

我总是说，企业必须进行不断地变化，否则就会被淘汰，这也是我一直在做的。我们不断地调整经营的模型，使之日臻完美。并整合了我们在技术领域需要完成的新工作，使之成为一家现代化的、具有前瞻性的公司。

在本书临近结尾处，我添加了一个章节在此叙述了我们的计划，它帮助我们度过了可怕的国际金融危机。我认为，这是一张足以让企业经受住任何经济动荡的宏伟蓝图。我很高兴，能够有机会"升级"本书。我希望你能喜欢它，也希望它能启发你在客户服务领域做出一些新的尝试。

本书特色

本书的写作风格基本上同我谈话的风格相同。也就是说，将大的经营理念同现实生活中的小故事结合，再穿插一些米切尔家族的历史趣闻。

对于那些喜欢总结与归纳重点的读者，我为他们归纳了贯穿各章的主要观点和原则。由于希望"拥抱"我的读者，我在每章结尾还附有"拥抱指南"，其中包括我总结的一些要点。在附录中，你还会发现各种拥抱游戏，和我称之为"拥抱成绩测验（H.A.T.）"的小考试。不过别担心，不过是玩玩而已，分数不会寄给任何一所大学。

我真心感谢上苍，让我拥有一个了不起的家族和值得自豪的事业。我喜欢交谈、讲故事、同大家分享一切，而且我特别喜欢聊聊自己了解的事情，那就是销售和拥抱。现在，就让我们出发，看看应该如何去拥抱吧。

拥抱你的客户

———

HUG

YOUR CUSTOMERS

目　录 HUG
YOUR CUSTOMERS

第 6 章　**公　式**　　**189**

要制订财务公式

第 7 章　**我们"爱"错误**　　**211**

犯错时该怎么办

HUG

YOUR CUSTOMERS

第1章

拥抱的精髓

为客户提供个性化服务的原则

——

拥抱客户的精髓就是永远以客户为中心，
并且要永远记得，
仅仅让客户满意是不够的，
必须同他们建立起私人关系，
并让他们极为满意。

① 创建满怀激情的拥抱文化

令人措手不及的状况，似乎总发生在你毫无准备的时候。关于藏青色羊绒大衣的故事，就发生在这样一个时刻。

那是 2 月初的一个寒冷冬日。我弟弟出差去了外地，我也在外参加一个广告会议。就在此时，店里接到了一个电话，给我出了道难题。附近一家公司的经理是我们的客户，他从办公室打来电话，说急需一件藏青色羊绒大衣，因为他将去纽约参加一个重要的订购会，但打开衣橱后才发现，儿子们去外地上大学时把他的大衣全都拿走了。天气预报说纽约的气温会很低且有大雪，而且会议期间他还要走不少路，因此必须带上一件羊绒大衣。

我给店里打电话，得知我们已经卖光了所有 42 码（这位经理的外套尺码）的藏青色羊绒大衣。但我们还有一件浅灰色的。我通知我们的首席裁缝师多梅尼克·康多里奥，让他带上那件浅灰色大衣，还有其他外套、运动服和衬衫，拿去供这位顾客挑选。要知道，我可是个彻头彻尾的销售员，当要去顾客那里推销一件大衣的时候，肯定还会带上其他一些东西。我迅速同两家大衣供应商取得联系，一家在费城，另一家是纽约罗切斯特的希基·弗里曼公司。他们都有藏青色羊绒大衣存货，并答应连夜送到。随后，我打电话通知那位顾客的秘书，"多梅尼克和我马上就到"。

当我们赶到后，我们将包装袋堆在地上，就像一座小山。那位经理从办公桌后跳了起来，叫道："我要的藏青色大衣在哪儿？"我平静地打开包装袋，将浅灰色大衣拿给他看。不出所料，他立刻喊道："杰克，这是灰色的！"他生气了。他认为我不是没听清就是个色盲，而且用的还是很难听的字眼。

"我明白。"我说道，"就像贵公司的做法一样，我们也会把自己的存货翻上至少三遍，但我们所有的藏青色大衣确实都卖光了。不过明天就能运来两件。"

"来不及，来不及！"他尖叫道，"我可以现在派直升机去取衣服，它们在哪里？"

"冷静一下。"我说道，"等到明天就可以了。我将在纽约同你碰头。"这时恰好办公室里的电视播到股市新闻，他看到公司股价不断上涨，情绪方才有所好转。我抓住这个时机，向他展示我们带来的那些西服、运动服和衬衫。不出我所料，他选了几样东西，但并没忘记大衣的事。因为有人等着要见他，他的秘书便把我们的大衣拿出去，准备送我们离开。

拥抱的机会就此降临。我不知道此前为何没想到这一点，但当时我立刻想起自己的大衣正是希基·弗里曼公司的藏青色羊绒大衣，尺码又恰好是 42 码。于是我对他说道："试试这件。"衣服刚好合身，他高兴得直蹦。我说道："怎么跟你说呢，我们打算把我的大衣租给你穿一两天。"

他觉得这个主意不错，便开玩笑地说："哇，米切尔服装店跟我们一样搞起租赁来了。"

两天后，我们又给那位经理送去了新大衣。你可能会感到惊讶，为使一位顾客满意要费这么大劲儿？竟然要将我自己身上的大衣扒下来给他穿。但实际情况就是这样，而且我们一直都是这么做的，甚至对首次到我们店里购物的顾客也是如此。

拥抱哲学的全部精髓正在于此。在过去的 57 年里，我们家族都致力于提供最高水准的客户服务。我们使用"拥抱"一词来形容我们独特的销售文化。在本书第 1 章中，我将带你领略我们米切尔家族的拥抱世界。

我认为，拥抱就是使团队中的所有成员都满怀激情地进行销售，并借此同客户建立长期、牢固的关系。关键就在于全体员工的激情和与客户建立的长期关系。全体员工以客户为核心发展关系，也就是营销学大师常说的"关系营销"。我特别崇尚充满激情地工作。我估计，你们可能又得说我陷于激情不能自拔。

拥抱要求接触、倾听和关心客户，尽可能地贴近客户，客户比任何事情都重要。随着拥抱文化的建立，在商店和客户之间会形成一种独特的个人和业务的关系，而那是一种建立在信任基础上的忠诚。就我们服装店而言，销售就是使顾客的衣橱装满他们喜欢而又得体的服装。

一旦我们同客户建立了关系，他们便成为我们的朋友。我并不是说要让每位客户都成为我们最好的朋友，那种可以倾诉内心深处的秘密，或邀请你一起出去度假的朋友，这未免有些强人所难。不过，有些客户的确同我们成为这样的亲密朋友。

我们所说的朋友，是指信任你和你公司的人。我们对他们的了解程度，要远超传统意义上对客户的了解，同时他们也更加了解我们。而这些，都是通过拥抱才得以实现的。

要使拥抱文化发挥作用，即全体员工从上到下，从我自己到采购员、裁缝、信贷部经理和送货员都必须全身心投入。在拥抱文化中，每个人都在拥抱，每个人都在销售，而不仅仅是那些拿提成的销售员。关于这一点，我觉得无论怎么强调都不过分。

但要建立拥抱文化并不容易。这不是一日之功，但我深信付出的努力是绝对值得的。因为拥抱几乎对所有人都具有吸引力，这是毋庸置疑的。它的作用就是这么大，却常常被人们忽视。拥抱也会带来丰厚利润，对我们来说便是如此。每个月，我的财务审计员都会与我们一起研究现金流、存货周转等财务问题。所有迹象都表明，拥抱的效果真不错。拥抱最大的优点之一就是它的通用性。它是一种成功的商业哲学，无论是卖人造黄油，还是卖笔记本电脑，都可以随心所欲地运用拥抱哲学。

试试吧，今天开始还来得及。微笑并且拥抱每一个人！看看你的客户、女儿或助手，是否会给你同样的微笑与拥抱。

② 顺应商业环境的转变，超出客户的期望

拥抱文化为何如此重要？因为我们认为，在过去 10 年里，零售业乃至整个商界的思想和行为正在经历一场根本性的转变，这种变化迫切需要拥抱文化。具体而言，我注意到商业环境发生了四大重要转变，那些成功的公司则因为顺应了这些转变而愈加成功。

被动 ⟶ 主动

第一个重要转变，是从被动到主动。在 20 世纪 70 年代至 80 年代初，销售员总是闲站在店里守株待兔，被动地等到顾客走到跟前才做出反应："你需要些什么？"但这种做法已经过时了。现在你需要主动进攻。你不能坐在那儿跷着二郎腿，等待顾客上门。你必须采取行动，把顾客吸引进店门。换句话说，你不能被动等待，应该引领销售，而不是被任务量牵着走。

交易 ➡ 关系

长久以来，我们的一切活动都以交易为基础。与顾客的互动，以交易为开始；一旦交易结束，一切也就结束了。比如说，顾客买了三套西装、六件衬衫、一条条纹领带和一条纯色领带。这是一笔好买卖，你挣了不少佣金，但仅此而已。你不清楚这个人买这些西服和衬衫干什么，是自己穿还是送人？你对此丝毫不感兴趣，你根本就没有去问顾客的意识。

但时至今日，仅仅做成一笔生意是绝对不够的。我们必须询问顾客，他买这三套西装要去做什么。然后，我们可以向他介绍什么样式、材质、颜色的西装最得体。我们往往要比顾客更清楚，在商业和社交场合应该穿些什么看上去更得体，感觉也更舒服。如果顾客经常旅行，你可以推荐结实的布料。在过去，你可能只想着卖给顾客一套 1 000 美元的西装，结果他可能随意地放在手提袋里，头一次穿上就显得皱皱巴巴。在今天，你则必须侧耳倾听，以便了解顾客的需要，也就是说你需要与他建立一种亲密的关系。

任何人都能卖出一套深蓝色西装，任何人都能卖出一辆独轮车，但这与"关系"毫不相干。

因此，销售的重点已经从"交易"转移到"关系"，已经从"需要帮助吗"转变为"这套新西装是用于出席商业活动还是其他活动"。你要研究的是需求。从毫不关心到了解客户，这就是巨大的转变。我认为一定要尽可能地"贴近"顾客。

7

额外免费项目 → 顾客导向服务

第三个转变也已经发生了。以前，商店一般会向顾客提供一些额外的免费服务，我称之为魔法列表，包括免费停车、免费改衣、免费咖啡和自由退货，以刺激顾客前来购物。这个魔法列表可使服务更加完善。任何商家都可以列出自己提供的免费服务的列表，我们也有，而且现在还在实行。这些措施的确发挥了效力。但是现在已经不够用了。你得倾听顾客的个性化需求，并且了解每一个人，这样才能有针对性地提供重要服务。

我称此为顾客导向服务。例如，某些顾客由于工作太忙或者喜欢清静，可能希望在下班后去购物。为此你可在夜间为他们开门营业，或为他们预留私人试衣间。让我再举一个例子，它听上去似乎有点傻，但实际上却很有效。

在夏天的每个周六，我们都在米切尔服装店外免费发放热狗。有位忠实顾客名叫卡萝尔，她的胆固醇含量过高。于是，我们专门为她准备了火鸡肉做的热狗。她每周六都会来购物并顺便领一个热狗，于是我们干脆把为她准备的热狗叫作"卡萝尔热狗"。"卡萝尔热狗"就是顾客导向服务的一个典型例子。有时，必须超越魔法列表，提供更好的服务。

在酒店业，根据服务标准，可以定出三星、四星或五星级酒店。你是否喜欢某所四星级酒店而不是另外一家五星级的呢？当然可能。而你喜欢它的原因，很可能就是你收到了"拥抱"。也许尽管你并未提

8

出特别要求，但女服务员记得你早餐时喜欢喝哪种茶或咖啡。魔法列表并不是很重要，最重要的是热情服务和拥抱。

让客户满意 → 让客户极为满意

如果你做到了以上所有的转变，你就能让客户从"满意"到"极为满意"了。你要从仅仅满足客户的期望，转变为超出客户的期望。卡萝尔可能期望一个热狗，但她从未奢望领到一个"卡萝尔热狗"。记得我第一次递给她"卡萝尔热狗"时，她回报了一个真实的拥抱，并且在我的脸上狠狠亲了一口。那种感觉好极了。

仅仅让客户满意，并不足以使生意兴隆。如果客户并非真正忠诚，即使最微小的诱惑，都可能使他们离去。只有让客户极为满意，才能让他们真正对你忠诚。

过去		现在
被动	→	主动
交易	→	关系
额外免费项目	→	顾客导向服务
满意的客户	→	非常满意的客户
非常满意的客户	→	极为满意的客户
满足期望	→	超出期望

③ 以客户为中心的组织形式

为应对商业中发生的重大变化，米切尔服装店采取的措施是建立一套以客户为核心而非以产品或价格为核心的组织形式。我们认为，以客户为核心的组织将是最优秀的拥抱者。所谓以客户为核心（Customer-centric），就是一切都围着客户转，把客户当成全世界的中心。

很多人都说"顾客至上"，但在大多数商店里，店员言行往往并不一致。只有将整个组织的工作重心都放在客户身上，全组织都致力于为客户服务，以客户为核心的理念才能发挥力量。除非一个组织的所有成员都热烈地拥抱客户，否则就不可能真正做到以客户为核心。

在我看来，大多数卓越的公司，无论是卖服装还是卖玉米饼，都以产品为核心。例如，大部分经营服装的人都只会对类似下面的问题感兴趣：衣服是 Super 100 纯羊毛面料还是 Super 180 的？是手工的还是机织的？是浅灰色的还是橄榄色的？两个扣的还是三个扣的？短袖的还是长袖的？

但在米切尔服装店，服装并非重中之重。它并非我们优先考虑的问题，当然也不会被忽视。不要误解我的意思。我们追求好衣服，为了得到它们，我们可以寻遍全世界，但是我们最看重的还是客户。

这听上去似乎有些不可思议。一家服装店最重视的不是服装？但这确实是真的。即使我们经营一家餐馆，我们也不会只考虑食物；即使我们开一家电器店，我们也不会只考虑 DVD 机。企业家在此问题上往往颇为短视，他们不明白经营的重中之重是客户而非产品。

大多数公司都认为"酒香不怕巷子深"，只要拥有充足的优质产品，客户就会蜂拥而至。顾客可以在任何服装店买到一件不错的蓝色夹克或黑色衬衫；顾客可以在任何电器店买到一台平板电视机；顾客可以在任何家具店买到一套高档沙发。你对待客户的方式，才是决定你取得长期成功的关键因素。在今天，要取得成功，你必须将顾客放在投资回报和利润等概念的前面。但事实上，很多企业经理对他们的客户是谁、需要什么、有何想法都一无所知，而且也不知如何寻找答案。

以客户为核心，这意味着销售者与购买者之间的关系将会变得更人性化。这意味着你的整个公司都要倾听客户的心声、了解客户的需求。**这意味着你卖给客户他们想要的东西，而非你想卖的。这意味着你要比客户更了解他们本身的喜好，能够预见到他们想要的东西。**

我经常告诫我的销售员要尽可能多地了解客户，决不能仅限于了解服装。在我们店，采取了"库存编号"法，简称为"SKU"（Stock Keeping Unit）。SKU 的原意是具体而详细地描述每件货物，包括服装的样式、大小和颜色。我们喜欢说 SKU 我们的顾客，即用一切可能的手段了解顾客。在我们的数据库里，有 40 多万名顾客的资料。通过多年的倾听和学习，我们对每一位顾客都知之甚深。

为建立拥抱关系，员工的忠诚程度十分关键，而我们在这一点上颇感骄傲。因为员工要花很多时间才能学会如何建立拥抱关系，而一旦掌握了就会习以为常。这也是老员工效率更高的原因。

别人都说，我们店里的员工流失率要比大多数商店的低得多。我们服装店的经理汤姆·马勒里和杰夫·科扎克已经在这儿工作 30 多年了。在康涅狄格州的店铺里，首席裁缝甚至在这儿工作了 50 年。如果你在一家商店工作了 50 年，你就理所当然会和顾客建立起良好的关系。当我与同行聊天时，他们经常会提到自己的员工流失率很高。当然他们手下也有个别任职时间很长的员工，但往往都是些岁数很大、身心疲惫、希望马上退休的人。

一旦建立起以客户为核心的组织，你就会发现，花费时间培养客户的忠诚，在客户与销售者之间建立持久而稳固的关系，是确保长期赢利的一把金钥匙。当你同客户形成牢固的关系后，他们便会从你那里购买更多的货物，同时还会向其他客户推荐。他们将更好地同你交流，将自己喜欢的东西告诉你，使你的销售行动更有效。忠诚的客户会原谅你的偶然失误，退货也会更少，毕竟你知道他们衣服的尺寸，了解他们的偏好，清楚他们讨厌什么。

在以客户为核心的组织里，所有人都会很自然地将顾客放在第一位。我要讲个小故事来说明这一点。

雷·里佐是我的一个大客户，他的父亲很特殊，大概是世界上最难买到合身衣服的人。他体重变化的幅度很大，身材短而粗，与普通人差异很大。有一年，住在新奥尔良的里佐的父亲开车到康涅狄格州过圣诞节。平安夜，里佐全家准备去朋友家过节，但父亲却忘了带合适的衣服。他甚至连件运动服或合适的裤子都没带，什么都没有。于是，里佐对父亲说道："我们去米切尔服装店吧。"

当他们赶到店里时，已经是下午 4 点了，他们准备在下午 6 点出发。不用说，事情颇为棘手。里佐一看到我便蹦了过来，说："杰克，我们遇到点麻烦。"他介绍了情况，我对他说："行，让我给你父亲量量尺寸。"他要穿 53 号的短夹克，但腰围却是 48 号的。世界上任何仓库的货架上，都不会有这种尺寸的衣服，甚至连相近尺寸的都绝不会有，更别说要在平安夜去找这么一件了。

在我们急需帮助的时候，圣诞老人跑哪儿去了？于是我走到里佐身旁，对他说："伙计，你父亲的身材的确有点特别，而且我们没有这种尺寸的存货，确实很有挑战性啊。"我们都"咯咯咯"地笑起来。随后，我说道："不过我们可以跟多梅尼克谈谈，也就是我们的首席裁缝，看看我们可以做些什么。"

我让里佐和他父亲坐下，给他们拿了些饮料，而多梅尼克立即开始行动。他以前就了解里佐和他父亲，我们店里的所有员工都要同顾客打交道。正因为多梅尼克了解他们，所以他关心他们。正因为他关心他们，即使已到下班时间，即使平安夜在即，也都无关紧要。重要的是，里佐的父亲需要几件衣服，而且马上就要！

于是多梅尼克开始裁剪他所能找到的最大的夹克和最肥的裤子。

13

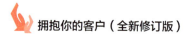

只用了一个小时，他和助手们便在裁缝室做好了一套衣服，里佐的爸爸穿上去十分合身。他看上去就像是位百万富翁，感觉非常好。他拥抱了我们，并对我们赞不绝口！我记得当晚我开车回家时，我对多梅尼克的出色表现深感骄傲。我还为我们家族成功建立了良好的企业文化而骄傲，多梅尼克主动地、不用老板下命令便创造出如此惊人的奇迹！

4 黄金原则：亲自与客户交流互动

一家公司想要上下团结一致，就必须让每个人都与客户保持接触，否则不可能做到以客户为核心。我们基本没什么规定，因为我不喜欢。我从小便讨厌规定，在大学里也一样，现在也依然如此。在一个以规则为基础的公司中，即使有拥抱也是生硬的。因此，我们拥有的是原则而不是规则，对拥抱文化极为重要的黄金原则就是所有人都要抽时间亲自卖衣服。

当然，其中也包括比尔和我。我们必须以身作则。就连我们那已经98岁高龄的老父亲，如果在店里，多半也会转悠几圈，卖几件衣服或同顾客聊天。有时，顾客会成群地跟着他，就像跟着一位了不起的大胡子风笛手。

从周　到周五，几乎每天我都会到卖场待一会儿。周六和销售员忙不过来的日子，我会把软皮尺挂在脖子上，在那里待上一整天。我这么做的目的就是想告诉大家：在我们店里，所有人都必须参加服务顾客的实际行动。

在顾客和员工看来，我这样做相当于发出信号，我把为顾客服务看成是荣誉和权利，同时也是一种享受。关系销售建立在亲力亲为的老板或经理的基础上。当然，有些行业不像我们这样有实际的销售场所。

不过，电话便相当于是经纪行业的销售场所，而对于人寿保险行业而言，客户家里的客厅就是他们的销售场所。**我的意思是，所有人都必须亲自与顾客交流互动。**

我希望所有人都能参与现场销售，因为这是关注、接触、了解顾客最直接的方法。正因为如此，我们将两家服装店的配送中心都设在店内。这样，负责配送的员工就会不惜时间和精力，精心包装售出的服装，因为他们看得见每一个进店的顾客并且也认识他们。如果你十分熟悉顾客，那么你自然会全心全意努力工作，以确保顾客在打开包装盒时，看到的是折叠整齐的服装，从而感觉到被拥抱。

出于同样的考虑，裁缝室也设在了店里。我能够带着顾客去参观，为他们介绍我们店里的"联合国"，因为负责改衣服的裁缝来自数十个国家。裁缝熟识每一位顾客，当看到顾客穿着他们制作的新衣去白宫出席会议或参加独生女的婚礼时，他们深感骄傲。

我们所奉行的坚持所有人参与现场销售的原则，正是我们不需要支出大笔广告费来做宣传的原因。店里有一间办公室，面积很小但负责处理所有广告业务。

经理和销售员投入时间和精力，亲自去做营销工作："嗨，安迪，祝你过个愉快的夏天。这件新西装你穿上去肯定不错。"或者"嗨，黛比，旅行一定很愉快吧，我们有件漂亮的新毛衣，就像为你量身定做的一样。"广告部也在销售现场，所以对顾客很熟悉。广告业务员借此可以了解销售员如何针对不同的顾客，采取不同的拥抱方式。在他们向顾客发送电子邮件以建立长期忠诚的关系时，他们也就清楚哪些方面最重要。

请不要忘了我们的采购员，他们大概是除销售员外最重要的拥抱者。我怀疑这个国家可能再没有别的商店像我们这样，采购员也经常待在店里，亲自销售、倾听意见并了解顾客需求。其他多数商店的采购员可能从未进过店面，更别说同顾客见面了。他们从未接触过顾客。

在我看来，采购员应该站到销售的第一线，这应该被当作常识。因为他们奔走四方采购商品，无非就是为了满足这些顾客。如果从未同顾客沟通交流，他们怎么可能采购到合适的商品？

例如，我的妻子琳达负责的是女装采购，我们的王牌销售员菲莉丝·贝尔绍有时便会向她求助："请帮我为玛利安找一套适合她的女装，她要出席一个重要活动。"琳达认识玛利安，也知道什么衣服最适合她。当琳达在纽约、巴黎或米兰采购下一季时装时，模特们款款走过 T 型台，她脑海里就会浮现出玛利安的形象。那可是个了不起的拥抱。

再如，当鲍勃决定引入某个全新品牌的西服或女装时，并非是心血来潮、突发奇想。真正的原因在于，他在挑选这些衣服时，就知道我们的顾客会喜欢这些奢华昂贵的服装。这也是个了不起的拥抱。

甚至连我们的财务人员也会参与销售，因为忠诚的顾客意味着丰厚的利润。然而大多数财务人员从未亲身接待过顾客，不清楚他们为何保持忠诚，也不明白自己每天统计的利润其实全都来自忠诚的顾客。更严重的是，许多公司的首席财务官或财务总监做出的决策，常常会削弱公司拥抱顾客的能力。

总而言之，判断你的服装店是否以顾客为核心，可以看你们办公室的位置。首席执行官的办公室在哪里？裁缝、采购员和会计的办公室又在哪里？它们都应设在店里，而不是在某个办公中心，否则员工将会失去同顾客直接交流的机会。

让所有人参与现场销售，可以使他们都意识到拥抱的重要性，从而触发更多拥抱。我们为满足某位顶级顾客的需要，请高级裁缝师专门从意大利飞过来，这是一种拥抱。采购员同市场营销人员合作搞一次时装展览，这也是一种拥抱。我们邀请制造商、设计师同 VIP 顾客打高尔夫球，这也是一种拥抱。你还可以在当地著名餐馆订上几桌饭菜，邀请 VIP 顾客参加感谢晚宴，听卡尔·伯恩斯坦演讲等。

"所有人都来销售"并不是非得要大家都去卖衣服，而是指不拘场合地与顾客互动交流。在整整 40 年的时间里，我们每天都早早起床，前往韦斯特波特、格林法姆斯、威尔顿、费尔菲尔德、格林尼治和拉伊的火车站，免费发放报纸和咖啡，从上午 6 点到 8 点。这同样是拥抱，而且是了不起的拥抱。

人们盯着我们问道："你们在干什么？"我们会回答："我们到这儿只是想说'免费发放《纽约时报》和咖啡，谢谢你'。"当人们在火车上翻看报纸时，我们的春装或秋装广告便会掉到他们的大腿上，他们肯定会看到，然后会心一笑。对，这便是拥抱。

⑤ 拥抱是一种心态

"拥抱"这个词，可能会使人误以为我们在宣扬一些乱七八糟的东西。实际情况绝非如此，不过在我们的工作中，激情的确很重要。所以我认为拥抱是一种态度，而非简单的身体接触。它是一种设身处地为客户着想的思维方式。对于我们而言，拥抱是激情的代名词，阐述了如何接近你的客户并真正了解他们的方法。我总是喜欢说，要倾听、要了解、要拥抱。

简而言之，拥抱就是使客户获得超乎预料的满足。它可以非常普通，仅仅是一个微笑或眼神；它也可以是一次坚定有力的握手；它还可以是加班加点为一位新顾客赶制衣服，尽管顾客并未提出需要加急服务。

拥抱可以是记得一位顾客的名字，尽管这只是你们俩第二次见面，而首次见面已是两年之前。拥抱可以是问候顾客的孩子，而且知道他们的名字和年龄，即使他有五个孩子！拥抱还可以是记得顾客在哪里工作。当一家大公司的新任首席财务官走进店时，迎上去并祝贺他，

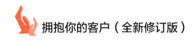

因为昨天他们公司的股价涨了五美元——这就是拥抱。

我们公司每位员工的拥抱方式都各有特色，事实上也应该如此。对有些顾客可以来个"熊抱"，他们会感到很舒服。但其他人则可能反感这种过于亲密的接触。这都很正常。某些顾客可能喜欢握手，或来个击掌，或直视你的双眼，或写封感谢函什么的。你得采取最适合顾客的拥抱方式。

有一次，我正无所事事时，便坐下来列一张拥抱方式的单子。我一口气写出了33种，直到手快要抽筋为止。以下是其中的部分内容：

1. 给顾客一杯饮料或一些饼干；

2. 帮他们拎包并送上汽车；

3. 寄张生日贺卡或结婚周年纪念贺卡；

4. 记住顾客的名字；

5. 帮顾客缝扣子或熨裤子；

6. 一旦表示要登门拜访就得说话算数；

7. 过节时或做完一笔大生意后送束鲜花；

8. 打电话邀请顾客吃午餐；

9. 为顾客订餐厅的位置；

10. 送顾客一张球赛或音乐剧门票；

11. 下班后为约好的顾客重开店门；

12. 实行无条件退货并保证微笑着将钱如数退还；

13. 当你缺货时从其他服装店紧急采购；

14. 介绍关于商品的知识时随时保持微笑；

15. 立即解决赊账问题；

16. 握手要坚定有力，并直视顾客的双眼；

17. 交换名片；

18. 给生病的顾客打电话以示关心；

19. 给顾客发电子邮件（特别是当他们出国旅行时），仔细听顾
    客的心声。

有一次，一位女士拿来一件女装，是在美国著名的奢侈品购物中心波道夫·古德曼百货商店（Bergdorf Goodman）买的，需要马上改一下。我们立即满足了她的要求。这就是拥抱。我敢保证，几乎每周六晚上都会有两三位顾客急匆匆地闯进来，说城里有重要活动，希望能有人帮他们打蝴蝶结。

在韦斯特波特，我们指定的蝴蝶结专家是布鲁斯。在格林尼治，则是由我的侄子斯科特负责。最近，他就曾经接到过一次紧急求救，在婚礼开始前20分钟赶到顾客家中，帮所有参加婚礼的人打蝴蝶结。这也是一种拥抱。

写张感谢便笺，是最好的拥抱方式之一。如果是亲笔写的感谢便笺，效果会更佳。而如果在打印的信件后，再附一张手写便笺，效果就会最好。这种做法最适用于那些我们刚刚见过面的客户。同客户首次打交道极其重要，因为第一印象对人影响甚大。如果搞砸了，你可能再也无法使他们回心转意。

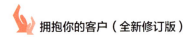

我们按照自己的方式，力争使事情一开始便踏上坦途。在生意不错的时候，我们的服装店每年都会迎来数以万计的新顾客。每当我们增加一名新顾客时，我们都会发出一封由电脑打印然后我亲自签名的信件。大致内容如下：

希望你在理查德服装店购物愉快，弗兰克·加拉吉将提供你需要的一切。你的杰尼亚西服将在周四准备好，配上你的阿玛尼领带，效果会非常好。

手写便笺并非我想出来的点子，不过我很喜欢采纳其他行业的好方法然后用在我们店里。我从陶克世界探索旅行社学到了这一手，那是设在韦斯特波特的一家国际旅行社。每次旅行结束后，领队都会让游客填写调查表。在每份调查表里，都附有一封致游客的信件。虽然大多数人都知道这是电脑自动生成的信件，但因为每封信上都有亲笔签名，所以效果非常好。

有一次，琳达在波道夫·古德曼百货商店买了些东西。他们送给她一封打印好的感谢信，虽然内容不免千篇一律，但有总裁亲笔签名。琳达对此印象十分深刻。要知道，想要给她留下深刻印象可不容易，因为她是位非常精明能干、见多识广的女人。为何这次她会印象深刻呢？她的回答是不过花了区区几百美元，却收到了一封感谢信。

按照我的判断，此事之所以引起她的注意，主要还是因为这封信来自百货商店的总裁。人们对于执掌大权的老板总是怀有本能的尊敬

（后面还将深入探讨这个问题）。所以，即使有人进店来只是买了个打折的手提袋，她也会收到我亲笔签名的感谢便笺。我敢打赌，下次她来购物时肯定会买一大堆东西。

拥抱也可以是思虑周密地帮助顾客解决一个小问题。当邮政局将邮票价格从 34 美分提高到 37 美分时，我的第一个念头就是："哦，太糟糕了，我现在必须排队再买些 3 美分邮票，才能使用过去买的那堆 34 美分的邮票。"我恨排队，特别是在政府部门，我想任何一个人都不例外。于是我给 500 名估计也存在同样烦恼的老主顾寄信，并在每个信封里都塞了些 3 美分邮票。"你知道你是我们工作的核心。"我写道，"为使你的生活不那么忙乱，我在信封里装了些 3 美分邮票。"这真是个凭空想出的拥抱，但顾客都非常欣赏。

有时，拥抱意味着解决一个非常特殊的问题。弗兰克·加拉吉在理查德服装店当了 45 年销售员，他似乎是位天生的拥抱者。我猜他大概从出生就已经开始准备拥抱了。

多年以前，《今日》主持人马特·劳尔曾经在理查德服装店当过销售员。马特有点色盲，当顾客要求他为西服搭配衬衫、领带时，这便是个问题。马特喜欢对人们讲自己的故事，说弗兰克和他如何设计了几种信号，当马特同顾客在一起时，弗兰克会给他发信号，示意他衬衫和西装应如何搭配，防止马特将褐色衬衫同深蓝色西装搭配在一起。这段持续终身的友谊也由此而开始。

马特现在是弗兰克的客户，当然也是他的朋友。由于马特是色盲，而且要在凌晨 4 点半节目开始录制前打扮好，实在是有点难为他。幸亏有弗兰克和他的相机。多年以来，弗兰克一直为马特等许多客户保存着服装登记簿。马特品位不凡，但在买新衣服时，仍然会征求弗兰克的意见。弗兰克会给这些新衣服拍照，然后在一个大相册里将这些相片精心搭配组合，标明哪件衣服搭配哪件衣服。马特对弗兰克十分信任，从未在服装颜色上犯过错误，衣着打扮无可挑剔。

服装登记簿上还专门列出几部分，告诉马特在各种特殊场合及外出旅行时应穿什么衣服。弗兰克开始时用宝丽来相机，后来改成普通胶卷相机，现在则是数码相机。我注意到《时尚先生》（*Esquire*）最近将马特列入十大衣着最佳人物之一。我们对此感到非常骄傲，尤其是他的服装大都购自我们的店。

类似的故事我可以讲个没完，我敢肯定你也开始为自己的商店构思这张单子上没提到的新点子了。一旦熟识了拥抱文化，并且养成了拥抱的习惯，那么一切皆有可能。例如，米切尔服装店为整个康涅狄格州的数百位顾客提供免费送货。你可能会问这有什么了不起？许多商店都这么做呀！

但是，有多少家商店会在必要时专门提供国际送货服务呢？

多年以前，我的弟弟比尔接到附近一家顾客打来的电话，他们曾在米切尔服装店买过衣服。他们的儿子正在日本东京上学。很不幸，他们儿子的一位室友在车祸中身亡。次日他就要参加丧礼，却没有合适的衣服。作为大学生，他有不少牛仔裤和T恤，但唯一的蓝色西装却挂在韦斯特波特家中的衣橱里。他的身材很特殊，是39L号，一时半会儿在东京根本找不到合适的衣服。而我们是否有办法让他及时收到衣服呢？这的确是个挑战，而且和销售毫不相干。但比尔立即开始打电话找熟人，与一位住在佛罗里达的飞行员取得了联系。他说明了情况，飞行员答应打电话问一下。不一会儿，比尔收到了答复：毫无希望。

比尔深吸了一口气，接着给康涅狄格州一家大公司打电话，因为许多高级经理都在我们店里买东西。经理秘书告诉比尔，一位经理正要乘商务包机前往新加坡，可以帮忙捎上那件西装。比尔心想，虽然新加坡离东京要比韦斯特波特更近，但毕竟不是东京。经理秘书接着说："别着急。这架飞机还将前往日本。"飞机将经理送到新加坡，然后又飞往东京，把这套蓝色西装带给那位大学生，然后再返回新加坡接经理。这真的是一次无与伦比的拥抱。

当你形成了拥抱的习惯后，你将会很自然地、充满激情地采取各种方式去拥抱你的客户。

⑥ 让客户宾至如归

我们店里的气氛本身就是一个了不起的拥抱。每年我都会重读斯坦利·马库斯写的《零售巨头》(*Minding the Store*)。斯坦利·马库斯是一位传奇性的零售商,书中提到的内曼·马库斯百货商店(Neiman Marcus),是以销售奢侈品为主的美国百货公司,行业巨头之一,是家了不起的商店。之所以我喜欢读这本书,主要是因为作者总说内曼·马库斯百货商店给顾客以家的感觉。我的父母也总是说,我们的店也是一个家,而我依然保持着这一传统。当有人走进商店时,我们对待他们就像欢迎家中来客一般,像欢迎朋友那样地欢迎他们。

我经常向我的员工强调,既然我们是在欢迎朋友,就应该直呼客户的名。长久以来,我都对直呼其名的作用深信不疑。因为在家门口欢迎朋友时,你不会称呼对方"詹金斯先生"或"拉普波特夫人"。你会说,"嗨,霍尔曼"或"嗨,珍妮"。

如果你的客户的朋友通常会叫他的昵称,你最好也这么做。可以想象一下,要是有人管我叫受洗后获得的教名"约翰",而不是喊

"杰克",这不是拥抱,而是一记耳光!既然你是在欢迎朋友,你可以问他们是否想来杯咖啡,或者孩子们是否想要个气球?

我还喜欢将服装店的每个部分看作家里的每个房间。我将大堂中央的结账处称作"客厅",因为那里像在家里一样,是活动最多的地方。人们在那儿通常感觉十分惬意舒适。

在我们店里也是一样。人们聚集在那里,因为咖啡吧和电视就在旁边。米切尔服装店的咖啡壶总是沸腾着,这是我们欢迎顾客的一个标志,因为咖啡象征着热情好客。不过现在我们不仅仅提供咖啡,我们还有其他各种各样的饮料。在米切尔服装店,我们免费提供巧克力、松饼和甜甜圈。你不也是这样招待来家里的朋友吗?有不少商店可能都会在入口处标明:"店内禁止饮食"。在米切尔服装店或理查德服装店,你绝对不会看到类似的标志。相反,我们会向你提供食品和饮料。

而且,我想告诉你,这在我一生中可能已经发生过上万次了——某位顾客走到我身边跟我开玩笑:"杰克,你这有全世界最贵的免费咖啡。"有些人则平静地说:"在我走出这里之前,那杯咖啡让我花掉了整整 2 000 美元。"

在米切尔服装店诞生前,就已经有"米切尔家族"了,所以我们知道带孩子去购物的滋味。为了让孩子们有事可干,不去纠缠父母,我们准备了一个大尺寸的平面电视和一些零食,甚至还装了个鱼缸。如果没有他们喜欢的电视节目,我们就会放他们最喜欢的电影,桌上还会摆上满满一篮棒棒糖,让他们高高兴兴地看电影。能让孩子们快乐,就能使父母们高兴。

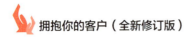

在米切尔，绝不会有员工说："麻烦请看好你的孩子。"孩子们也是我们的客人。虽然比尔只喜欢看体育节目，但因为孩子们酷爱看《海绵宝宝》（*Sponge Bob*）和《米老鼠》（*Mickey Mouse*），于是他在墙上装了第二台电视，用来收看足球或篮球比赛。

父亲总喜欢讲影星保罗·纽曼（Paul Newman）在多年前带着他4岁的女儿到店里的故事。保罗购物时，我母亲就把小女孩抱到腿上给她讲故事。保罗买完东西后，过来要带她走，但孩子却不愿离开，"不，我太喜欢这儿啦！"最后，保罗为让女儿回家，不得不略施贿赂，答应给她买辆自行车，这才得以脱身。几年后，保罗曾跟我父母开玩笑说，在我们店里购物使他多花了一辆自行车的钱。只要我看到顾客带着孩子进店购物，我就会走到孩子跟前并蹲下来说："嗨，你好呀，谢谢你今天带着爸爸妈妈到我们店里来。"

让我们回到关于在店里营造家庭气氛的话题。我觉得售鞋部就像起居室，因为你可以在那里坐下来。此外，试衣间就像是卧室。从顾客初次上门开始，我就希望他们能体验到家的感觉。当你在进入一家商店时，难道不想有宾至如归的感觉吗？

7 记住客户宠物的名字

如果你准备像拥抱朋友那样地拥抱每位客户，你就必须真正了解他们。我指的不仅是那些大致情况，还有真正的细节。如果某位顾客已从你这儿买过五六次东西，那么你应该记住他的名字。

设想一下，如果你走进一家商店，上次接待你的销售员走过来，微笑着对你说道："嗨，罗伯，很高兴再次见到你。"你感觉怎样呢？然后他接着说，"嗯，丽基还好吗？小马克和詹妮弗怎么样？"你会感到很高兴吧？还没完，他接着又说道，"去年3月份你买的海军蓝杰尼亚西装感觉如何？前些天我们刚进了一款很棒的西装，是灰色条纹的，而且正好有你的尺码，44码。"

这才是真正了解客户。但是，有多少商家能做得到呢？

我们就能！

因为我们的数据库里有40多万名顾客的详细资料。我们知道每位顾客曾经购买的所有商品以及准确时间，哪怕是在多年之前。我们知道他们的尺码、偏好的品牌、喜爱的样式以及颜色。我们往往还了解他们的昵称、姓名、生日、纪念日、爱好、工作地点、爱人的工作地点甚至打高尔夫球的水平。只要他们愿意说的，我们全都知道。如果一位顾客走进来说她得快点买衣服，因为要到兽医那里去取她的小狗，我们就会说："哦，真遗憾，露西亚没事儿吧？"我们甚至连小狗的名字都知道！

所有这些信息，并不是通过正式调查或盘问顾客得来的（虽然我们的确会调查顾客满意度），而是在向顾客销售商品及建立亲密关系的过程中，努力倾听和学习。

我们的原则是了解但别刺探，亲近但别招致反感。顾客对我们也非常信赖，知道我们绝不会泄露他们的任何个人信息。

有时某位顾客会打来电话，说她正往商店赶，并且没多少时间。实际上，她根本不用着急。销售员会查阅资料，根据她过去的购物偏好，找出合适的衣服供她选择。当她抵达后，她只需将衣服看一遍，然后说"Yes"或者"No"即可。

无论你出售的是什么，你都能用这种办法。当你走进一家餐馆时，如果侍者了解你的口味，这不是很令人愉快的事情吗？

比如说你是个禁酒主义者，你走进餐馆后，不必没完没了地解释自己不喝任何酒精饮料，他们也不会问你是否要看酒单，直接就会送来可乐、雪碧或茶。也许他们还记得你喜欢吃洋葱圈。我就酷爱洋葱圈，每天吃三顿都不腻。如果我走进一家只是偶尔去过的餐馆，侍者过来就问："给你来点洋葱圈好吗？就像上次一样。"我一定会非常高兴。

如果侍者接着说："我知道你上次和琳达坐的是 7 号桌，不过我想，靠窗的 3 号桌可能更舒服。"我简直会有受宠若惊的感觉。

了解你的顾客，自然会有回头客。

8 多重拥抱

单一的拥抱方式很难使顾客完全满意。优秀的拥抱者能将多种拥抱融为一体，形成一股强大的力量。他们会用一连串拥抱，对客户发起一场充满温馨和热情的"闪电战"。

一天早晨，一位经理给他熟悉的销售员德布拉·甘佩尔打了个电话，说他遇到了大麻烦。老板刚打电话通知他，让他第二天去瑞士组织一个客户服务研讨会。他打开衣橱，发现自己根本没有什么合适的衣服，于是很焦虑。如果想要穿着合体，至少需要两套西服、一件运动衫及所有配饰，并且下午 5 点前就必须全部拿到，而当时已经是上午 10 点了。

德布拉说："请别担心，你现在过来吧，我会准备好你需要的一切。"这是第一个拥抱。然后她走到电脑前，调出这位顾客的资料，查看他的衣服尺码和样式偏好。当顾客过来试衣服时，德布拉已将所有挑出的衣服准备好，包括西服、衬衫、领带和皮鞋，他只需点头或摇头即可。他几乎买下了她建议的所有东西。接着，德布拉给他端来一杯咖啡，同一时间裁缝开始改衣服，这是第二个拥抱。我们有 26 个裁缝，在限定时间内改完所有衣服完全不成问题，这是第三个拥抱。这位顾客非常高兴，德布拉微笑着同顾客握手，并祝他旅途愉快，这是第四个拥抱。当天下午，所有衣服就送到了顾客家里，而且不收快递费，这是第五个拥抱。

但这还不算完！德布拉还有绝招呢。她同这位顾客关系密切，知道明天是他的生日，因为他上次来时，德布拉在电脑档案中记下了此事，在查阅购物记录时又刚好看到了。

当这位经理在瑞士主持客户服务研讨会时，突然想谈谈米切尔服装店和德布拉·甘佩尔当天供货的事。他正穿着那件从米切尔服装店买来的新西服，当他解开上衣想展示米切尔服装店的商标时，却摸到胸袋里有个信封。他将信封掏了出来，居然是一张生日贺卡，上面还有德布拉的个人祝福。这真是非常、非常了不起的第六个拥抱！

当他开完会回来后，第一件事便是来到米切尔服装店，将全部故事告诉我。他说当取出那张贺卡时，他是如此感动，以至于将这位了不起的销售员及堪称完美的客户服务都告诉了在场的瑞士人。"最后，"他说道，"那些总是一本正经的瑞士银行家们全都鼓起掌来！"

然而，对于德布拉而言，所有这些拥抱都很自然。她已经习以为常。

⑨ 打破惯例：休息日也要超出客户期望

许多公司都会墨守成规，按照本行业的"老规矩"做事。例如，开快餐店的不会雇用侍者，而开夜总会的不供应午餐。但如果你想让客户高兴，何必顾忌那些老规矩呢？我们一贯坚持：向客户提供在其他行业司空见惯但在本行业却堪称奢侈的服务。

就像人们会得例如牙痛之类的急病一样，他们在穿衣着装方面也会突遇难题。如果三更半夜你突然面临此类难题，怎么办？或在星期天服装店停业时突然面临此类难题，又怎么办？但我们就像医生一样，可以随时解救你于着装困境之中。这个主意是比尔想出来的。

我们制定了一套制度，如果顾客在米切尔服装店关门后打来电话，电话录音会告诉他，如遇紧急情况，按"2"便可以接通罗斯或鲍勃位于费尔菲尔德县或韦斯顿县的家庭电话。我们在其他的四家店里也设有类似的制度，你可以联系到理查德的斯科特、马希斯的克里斯，以及威尔克斯·巴什福德的泰勒。如有人急需买东西，家族中总能有人立即赶到店里开门营业。

　　店里关门后最常接到的电话，往往是有人忘记取走改好的衣服。可当时已经是周日早晨，而且当天下午就要出差。虽然有时顾客认为紧急的情况在我们看来并不算很急，但这无关紧要。我们将竭尽全力满足顾客的需求。因此无论什么原因，我们都会赶来打开店门。不仅对老顾客这样，对初次惠顾的新顾客也是一样。

　　几年前，一个周日的下午，比尔在家里接到这样一个电话。当时比尔正在聚精会神地看橄榄球赛季决赛，一位从未到我们店购物的陌生人说自己遇到了大麻烦。他从得克萨斯赶来参加一次犹太教成人礼，但忘了带蝴蝶结和徽带。当时所有商店都打烊了，他想知道我们是否能救急。比尔边说没问题边从沙发上跳了起来，关了电视机，立刻驱车赶到服装店。

　　比尔找到了蝴蝶结和徽带，这位顾客的感激之情溢于言表。比尔说了声别客气后便回家继续看他的球赛，还赶上了看两次触地得分。几年后，我们才得知那位顾客竟是内曼·马库斯百货商店的一位重量级人物。

　　这又让我想起了内衣的故事。

　　有一个周日，我得去理查德服装店会见几位客人，就一笔生意进行谈判。我们会合之后，一起沿着格林尼治大街边走边聊生意。随后，我又返回店里去取公文包。当时是周日，服装店已经打烊了。但当我到店门外时，我却发现有两个人站在那里，想进去买点东西。

　　我最痛恨的一件事儿，就是你赶到商店时却发现商店已经打烊了，我想所有人都有同感。你可能只晚了一分钟，店里有你想买的东西，

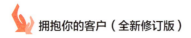

还有几名顾客正在往外走，你敲门，却无人理睬，店员对你视而不见。只要还有其他选择，你还会去这家商店吗？反正我是绝对不会。因此我仍对那两个顾客说："没关系，请进来吧。"他们买了两套西服、一件运动衫和一条裤子。

正当我打算离开时，电话铃响了。我想可能是我儿子想了解生意谈得如何，于是便拿起了电话。对方却是位老妇人，她说道："我快绝望了。你知道哪里可以买到内衣吗？"她的声音听上去非常着急。我告诉她，在大商场里应该可以买到。她说自己实在不喜欢在大商场购物，问是否还有别的什么地方。我实在忍不住问她为何周日急着买内衣，她解释说，家里刚卖了在格林尼治的房子，要搬到一个小地方。搬家卡车刚开走，她不小心把丈夫的全部内衣都装上了车，现在他正大发雷霆。于是我毫不犹豫地说："赶快过来吧！"

20分钟后，她步履蹒跚地走进店来，买了几件内衣。嗨，每件内衣都增加了销售额，而且更重要的是，我可能挽救了一个家庭。

⑩ 勇于尝试，突破陈规

如果你真的想超出客户的期望，那你的拥抱就必须保持极大的灵活性。你必须勇于打破陈规，尝试自己从未做过的事情。可能它们不会起什么作用，但也可能会成为了不起的拥抱。拥抱的一个重要原则就是突破常规。

我曾经参与过一次疯狂冒险，但事实证明那对米切尔服装店和客户来说都是个巨大的成功。多年之前，现在已经成为我们顾问委员会重要成员的文斯·瓦西克，当时还是荷美航运公司（Holland America Lines）的首席财务官。他很希望恢复大西洋游轮在旧时的那种神秘和辉煌，不过他知道这绝非易事。

每当他搭乘荷美航运公司的百慕大游轮时，他都会感到痛心不已。乘客们成双成对参加晚宴时，女士们身着长裙，仪态万千；但男士们往往是休闲打扮，有些人似乎更像是去参加年轻人的聚会。每当他看到此情此景时，他都会暴跳如雷，他们无法容忍乘客们的衣着打扮堕落到如此地步。

　　文斯希望找个好办法，让男士们打扮得更庄重些。不仅是为了看上去更得体，更重要的是根据服装心理学，如果他们穿得很精神，自己的感觉就会很不错。而如果感觉很不错，他们就会花更多的钱。按照他的推理，如果能使男士们的穿着提高到女士们的水平，那么酒吧的生意会更好，商店的销售额也会增加。但是如何才能实现呢？

　　文斯经常在米切尔服装店买衣服，于是便向比尔和我求助。他聘用我们当顾问，让我和高级采购员梅尔·格罗斯坐了一次百慕大游轮。在船舱内，我们发现了一个可能连文斯自己都不知道的裁缝室。他们负责缝补船上的装饰物，同时制作船员们的制服。我们准备策划一场"礼服晚会"。

　　当一对夫妻登船后，乘务员将陪同他们去客舱，告知所有注意事项。离开前，乘务员会将船长请柬交给男士，并借他一套礼服供旅途穿着。船上将存放各种礼服和衬衫，裁缝们负责将其改得更加合身。多梅尼克则负责培训这些裁缝，让他们能迅速改好衣服。

　　荷兰船主认为，文斯简直就是疯了。乘客们曾偷过不少奶酪盘和烟灰缸，速度快得甚至都来不及补缺。借给他们礼服？最后肯定一件不剩！但文斯最后说服了船主，让我们试一次。我们在洛德·韦斯特公司订购了500套礼服，这也是我们订购礼服最多的一次，我们为举办晚会做好了一切准备。

　　当男士们打开请柬时，他们都不知该怎么办才好，大多数人从未穿过礼服，更别提是量身定做的了。但妻子们一想到自己的丈夫会打扮得非常精神，都特别期待。她们催着男人们去试装。令人难以置信的是，乘客们下午 4 点才上船，我们很快便将全部礼服改好，刚好来得及赶上参加次日举行的船长晚宴。

不过，我们没提供皮鞋，因为鞋可不好改。男士们的打扮，实在出乎我们的预料。他们身着礼服出席晚宴，脚上却穿着棕色皮鞋甚至旅游鞋。但当他们入座后，这些家伙看上去都棒极了。文斯收到不少女士的感谢信，内容充满了感激之词："这是我一生中第二开心的日子。第一是我结婚那天。"

如我们所料，酒吧生意爆好，商店销售额也直线上升。乘客们看上去很出众，所以他们感觉也很不错，花钱自然也就多了。这简直不可思议。旅行社的职员也在船上，这一切给他们留下了深刻印象，于是更加卖力地宣传荷美航运公司的游轮。在整个夏季里，所有船票都被订购一空。

最后，的确有人偷走了他们的礼服和奶酪盘。不过，这也没什么。下次他们再乘游轮时，他们就省得再试礼服了。

⑪ 返还的拥抱

当你经常拥抱客户时，你会发现客户也会回以拥抱。他们会对你微笑、他们会给你写感谢便笺、他们会在朋友面前夸你，让他们的朋友也成为你的客户。效果将非常显著，这说明你们已经形成了真正的关系。而且这种关系牢不可破，这就证明了拥抱确实发挥了作用。

有一位投资银行家，并非米切尔服装店的常客，只在换季打折时来过一次。他们夫妻俩对价钱十分满意，各买了不少半价商品。几天后，像对待大多数消费额较大的顾客一样，我亲笔写了一封感谢便笺，并提到了他买的那些商品。这令他十分感动，并将这封信拿到了公司会议上，作为如何对待客户的一个范例进行宣讲。随后，他给我及全体员工发了一封电子邮件以示谢意，并表示自己有种"负罪感"，买了些打折商品便受到如此关照，下次他一定再回来买些全价商品。

你永远不会预想到，一个小小的拥抱能赢得客户多大的赞赏，他们甚至会心甘情愿地成为你企业的"自来水"。IBM的首席执行官路易斯·郭士纳和妻子罗宾有一次参加要求穿正规晚礼服的社交活动，活动中途，他上衣的扣子崩开了。郭士纳夫妇经常在理查德那家店铺购物，罗宾按照惯例将外套送到理查德缝补，以便丈夫在下一次慈善晚会上穿，却丝毫没有意识到这件礼服根本不是从我们的店里购买的。不过这并不是什么问题。我们的裁缝图里奥也没废话，三下五除二就钉好了扣子。

后来罗宾对我说，"你知道他还做了什么吗？图里奥还为我们烫好了裤子和礼服，为了让路易斯在那天晚上看上去更体面些。不管我们怎么坚持，都没有收钱。"

不管是裙装起褶了、袖口松了、需要缝补了，抑或是扣子掉了，无论客户遇到了多么微不足道的麻烦，图里奥都会一视同仁地施以援手。

差不多一年之后，一位客户邀请我共同观看美网公开赛，当时我们的包厢就在 IBM 的包厢旁边。路易斯看到了我，他迅速跑了过来，跟我来了个热情击掌，让我受宠若惊。这可不是他一贯的风格。接着他开始向同行者大肆夸奖我名下的企业，说它们是世界上最好的服装店，因为我们帮他缝上了扣子还没有收钱。"他们的裁缝还帮我免费烫了衣服。你们不觉得这样的服务很赞吗？"

这件事能带来多大的商机呢？全球最大的信息技术和业务解决方案公司前首席执行官对我们拥抱客户的哲学丝毫不吝溢美之词，仅仅只是因为一个纽扣！我的天！俗话说金杯银杯不如老百姓的口碑，更何况还是路易斯·郭士纳的口碑。这感觉简直棒极了！

希丽·钱伯斯和菲莉丝·贝尔绍都是出色的拥抱者，所以顾客的

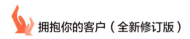

回抱机会令她们应接不暇。有一次，忠诚的顾客亲自跑到药店替菲莉丝买药，以节省她的时间。

一位顾客曾将自己美丽的私宅借给罗伯特·西蒙斯度新婚蜜月；杰夫·科扎克甚至还在一名顾客的夏威夷别墅里度过了两周的假期。

所以，请记住，所有人喜欢拥抱，同时所有人也喜欢得到回报。

拥抱指南

拥抱者应充满激情，同客户建立亲密而忠诚的长期关系

这意味着关注、聆听和体贴客户，像对待朋友一样对待客户。

让客户极为满意

在新的商业形势下，仅仅让客户满意是绝对不够的。

以客户为核心的公司是最好的拥抱者

因为员工始终想着拥抱：所有人，从上到下，都将注意力集中在客户身上，将其视为一切工作的核心。人人都拥抱，人人都销售，人人都创造利润。

拥抱是多种多样的，只要能超越客户的期望

拥抱是一种心态：它可以是一个微笑、一次击掌、快速提供服务，甚至也可以是寄些 3 美分的邮票。

所有人都亲自销售

这是黄金原则，因为这能使所有人都看见、接触并实实在在地感受到客户。

应使客户有回家的感觉

直呼其名，准备好咖啡和零食，为孩子们提供娱乐设施。

全面了解你的客户

你需要真正理解他们，尽可能多地了解他们的情况，甚至包括客户宠物的名字。

提供本行业没有但其他行业常见的服务

这会使客户觉得受到了高标准的招待。

打破惯性思维

要敢于尝试。在拥抱文化中，要敢于发挥想象力，这会使你在竞争中胜出。

当你经常拥抱客户时，客户会予以"回抱"

这表明你的拥抱发挥了作用，真正的关系已经建立，客户对你非常信赖。

HUG
YOUR CUSTOMERS

第 2 章

建立拥抱组织

从3套西装到3 000套西装

—

拥抱需要每一个人的参与，
并且渗透到公司里的每一个角落。
无论是老板，
还是坐在办公室里的财务人员。

12 建立拥抱组织的关键：关心他人

从某种意义上来讲，我现在所推崇的一切，包括服装店、热咖啡和拥抱，都源自爸爸的胃溃疡。

在我小的时候，我们都住在韦斯特波特，当时这个小镇与今天完全不同。不仅小得多，而且也不那么繁华富足，居民包括祖祖辈辈居住在这里的美国北方农民、修建铁路的意大利移民和一些世界顶级艺术家、电影界及戏剧界人士。

居民中还有一批总是睡眼蒙眬的职员，他们每天都要乘火车去纽约上班。大多数时候，我爸爸都是这些乘火车的人中的一员。在来回奔波的途中，如果他不看报纸，他便会像许多坐车的人一样，开始想象，梦想着有一天能开一家自己的小商店，这样就再也不用每天奔波了。

爸爸待过公司里的每一个岗位，从事过各种各样的工作，但做得最多的是市场营销和广告宣传，沉重的工作压力使他付出了代价，40多岁时，父亲便因为患上严重胃溃疡而痛苦不堪。许多夜晚，他都会因剧痛而坐卧不安。一次晚餐时，他忍不住说："我必须去医院，我觉得我在流血。"我记得在我五年级时，我要做一个生物课外项目，就决定以溃疡及我父亲所做的五次手术为题写篇报告。我的同学们觉得很有意思，但我知道父母并不认为溃疡多么有趣。

当我在卫斯理大学读大一时，父亲有一天给我打电话，宣布他决定放弃过去那种疲惫不堪的生活，准备开一家商店。他以前曾做过零售咨询，对经营商店略懂一二。"哦，爸爸，"我说，"再考虑一下吧，这可是件大事。要不你到我这儿来，我们再谈谈。"第二天，我父母开车来到米德尔顿，向我解释了他们的计划。母亲有句话让我永远铭记在心："如果要干，就让我们一起干。"

胃溃疡可能是促使爸爸决定开店的催化剂，但他确实也是从事这一行当的理想人选，因为他懂得关心别人，而这正是建立拥抱组织的关键所在。如果你不喜欢别人，不真诚地关心他们，你就不可能成为拥抱者。企业家尤其如此，因为你的个性势必会对商店产生潜移默化的影响。

有些人对家人和朋友十分关爱，但对他们的顾客却傲慢而粗鲁。你不能在私生活中秉持一种哲学，在工作中则秉持另一套。你必须把你的客户当作家人一般对待。

无论对任何人，父亲总是面带微笑并热情招待，哪怕自己当天并不顺心。如果有人心情不好，他总是试图让他们高兴起来。这对爸爸而言易如反掌，因为他有一肚子催人奋发的故事可讲。

我经常感到震惊，因为太多服务业从业者根本不关心别人。

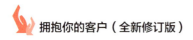

一位朋友曾对我讲过自己在当地一家修车行遇到的事情。他站在一个车位外面，看着修理工给汽车换机油。还有几名顾客也在等候，别的修理工也正在修车。有位先生开车过来，礼貌地问老板："我的狗不见了，我想它可能朝这个方向跑了。它是条棕色的拉布拉多犬。您看到了吗？"

老板冷冷地瞟了他一眼，轻蔑地答道："我整天都躺在车底下，我又不是看路的。"

老板让那位先生很尴尬。实际上他完全可以这样说："呀，我很抱歉，我没看到那条狗。我希望你能找到它。"这不用费什么时间。但老板却表现得十分粗鲁无礼，那位先生怎么可能再光顾这家修车行呢？我的朋友也被这种毫无来由的粗鲁态度所激怒，他当场便决定再也不到那里修车，即使这是离家最近的修车行。此外，那位老板给员工树立了多么恶劣的榜样！

这位修车行老板毫不关心那条狗或其主人。可能，他认为顾客到这里来，只是因为他精通修车。当然，他们来这里的确是因为他能修车，但如果他没有表示出自己对顾客的关心，以后哪会有回头客？你可以教人们如何换机油过滤器或如何改衣服，但教别人如何关心他人却是一项挑战，因为关心大多是一种源自内心深处的感觉。我倒不是要求所有人都做到这一点。但如果你不关心他人，那还是选择做个渔夫或者从事其他行当，但千万不要从事服务业。

⓭ 地点不重要，服务最关键

父亲辞职后，起初打算在佛罗里达开店，因为那里生活节奏比较悠闲，对提高生活质量最好不过。在征得母亲的同意后，他决定卖掉韦斯特波特的房子。当时是 1958 年，父亲刚好 53 岁。我弟弟比尔高一，我大一。我们都不知道这样做对不对，没有人知道父亲能否成功。

于是房子被挂牌出售，母亲留下来负责卖房，父亲则去佛罗里达四处寻找最合适的开店地点。一天，妈妈向美孚石油公司的一位经理介绍我们的房子。他叫斯温尼，我永远忘不了这个名字。

正当他们夫妇到处看时，他的妻子问母亲，韦斯特波特哪里能买到她丈夫和四个儿子的衣服。我母亲突然灵光一现：镇上只有一两家小服装店！这对夫妇刚离开，她便打电话给我父亲："我们就在韦斯特波特卖衣服吧！这里有需求，我们一直都住在这儿，认识镇上所有人，如果干得好，所有人都会从我们这儿买衣服的。"

我时常想，如果斯温尼太太没提起买衣服的话题，最终会发生什么事情？但是，生活就是这样，偶然事件经常会使生活来个 180 度大转变。父亲从佛罗里达赶回来，他们决定不再卖房子，并开始在韦斯特波特寻找合适的店面。他们相中了一处 75 平方米的铺面，原是迪克森取暖洁具供应公司的产品展览厅，位于邮局路和北康普路交界的一座普通小楼里。迪克森公司保留后半部分做仓库，存放水管和水龙头，爸爸则租下了前半部分。

不论从哪个角度来看，那里都算不上镇里最好的地段。但父母也只能租得起这样的地方。可是他们很精明，懂得真正的经商之道：**如果你能向顾客提供一流的服务，地段差点也没关系。**

同所有人一样，我也时常听人喋喋不休地宣传那套"地点最关键"的陈词滥调，简直快听腻了。我们的做法总是与众不同。谁都不想选最糟糕的地点：树林内 15 千米或者紧靠镇上的垃圾处理站。但是，只要你学会如何拥抱顾客，一个还算过得去的地点，也就是说一个有较便利的交通、方便到达而且有充足停车位的地方，生意就会兴隆。

同样的原则也适用于存货数量。服装店刚开业时，只有几打衬衫、一些袜子、两件毛衣和几条领带。另外，还有三套唐卡斯特牌西装，这是爸爸为本店自创的品牌，每套定价 65 美元。一套是 40 码条纹，一套是 42 码海军蓝，还有一套 42 码灰色的。

今天，当我聊起三套西装的故事时，人们都感到非常惊讶。现在，我们的存货超过了 3 000 套，既有男装也有女装。唐卡斯特已经无影无踪，取而代之的是所有的顶级品牌，阿玛尼、杰尼亚、艾克瑞斯、布里奥尼、康奈利、库奇内利、希基·弗里曼、Kiton、诺悠翩雅、迈克高仕，可能一件配饰的价格就不止 65 美元。

最初的库存量的确不多，但也没有必要存那么多。**如果你注重客户服务质量，库存量就不必太多**。我父母决定吸引尽可能多的顾客，关心他们，再逐步扩大库存。开店没多久，他们就了解到，除位置好或库存多以外，顾客最看重以下五方面因素：

1. 友好地迎接；

2. 个性化的服务；

3. 令他们感觉受到特殊对待；

4. "凡事 OK" 的服务态度；

5. 拥有前瞻性思维。

由于我父母在韦斯特波特居住多年，因此第一批顾客都是邻居、朋友以及父亲在韦斯特波特的熟人。第一个"数据库"实际上就是我们家的圣诞节贺卡名单。父亲和母亲给名单上的每个人都发出一封小便笺，告诉他们自己不再辛苦上下班，而是开了一家经营男士和儿童服装的商店。

在最先散发的"传单"中，爸爸实际上还附了首诗，描述自己如何放弃了乘火车上下班的辛苦日子。诗写得可能颇为朴实、别具一格，但它意味着我们已经开始从事一项很有特点、非常实际、颇具美国特色的事业。当他们忙完了圣诞卡名单后，又找来韦斯特波特镇电话簿，一家接一家地推销服装。这着实让我们忙活了一段时间。

很自然，我父母像对待朋友一样对待第一批顾客，因为实际上他们确实是我们的朋友。当然，我父母也以同样的态度对待那些随意走进来的陌生顾客。直到今天店里依然总是有新鲜咖啡。我估计，你们可能会说再没有比这里更像家的地方了。

一天，一位顾客走进来，注意到我母亲正坐在那儿织补袜子。"供货商出问题了？还是发生其他事了？"他问道。"不，"母亲答道，"我们为顾客提供很多服务，包括为参加野营或学前班的孩子们在袜子上缝上名字。"

我父母给商店起名为埃德·米切尔服装店，就是简单地以我父亲的名字命名。店里的装潢也非常朴素，完全是个家庭商店。但所有家庭成员都满怀激情，全身心投入商店经营。白天，妈妈负责煮咖啡。尽管从史密斯女子学院毕业后，她就从未工作过，但因当年曾主修经济学，所以晚上便负责记账。爸爸在商店里身兼数职，既是销售员、采购员，又充当门房。比尔则在放学后和周末来帮忙。

我奶奶擅长缝纫，是店里不知疲倦的裁缝师和针线工。当爸爸需要给裤子锁边时，他就骑上小摩托车把裤子送到她的住处，奶奶用不了半小时便能完成。今天，在我们的店铺中一共有63名裁缝，奶奶知道了一定会感到骄傲！

当父母来学校看我时，他们会把毛衣、夹克、皮鞋甚至内衣塞满整个旅行车，然后运到我学校的联谊会会堂，把它们推销给会员们。这又是亲密服务的一种形式，即将商店搬到顾客家门口。有时候，销量非常不错，我们能卖出几百美元的东西。要知道，这可是一件一件卖出来的。

"我想，对我们帮助最大的就是我们的服务。"父亲总是这样说，"无论你想要什么，我们都努力满足。我们决不说'不'。"

自从开店后，父亲的胃溃疡就再也没犯过。

14 扩张三原则

我们的服装店开业第一年，销售额就达到约 5 万美元，这在梅西百货商店或布鲁克斯兄弟百货商店看来肯定不足挂齿，但我父母仍为这良好的开端兴奋不已。

随着生意越来越好，我们需要更大的店面。于是父母说服迪克森公司，将墙向后移了移，挤出约 100 平方英尺的空间。后来，当韦斯特波特国民银行大楼建成时，我们又搬到了那里。服装店不断扩大面积，直到 1979 年搬到现在这座完全属于我们自己的漂亮建筑，面积也增加到 3.3 万多平方英尺。虽然地段仍然不是最好的，但正如前面所说，我们并不需要最好的地段。不过，父母认识到，如果你要发展一个拥抱组织，在扩张中必须注意以下三个关键原则。

敢于分权

当生意越做越大时，你不得不任命其他管理人员，以确保精力不分散。很自然，我父母首先考虑的人选是我们这些儿子，但他们明白无论是家族企业或是其他什么企业，都必须赋予新加入的管理者以责任和权力，否则他们永远无法真正融入拥抱文化。

1965 年，他们首先雇用了比尔。为确保比尔全身心地投入工作，父母竭力使他感到自己是真正意义上的合伙人。上班时他们一块儿卖衣服，这使比尔很有成就感；下班后他们一块儿打扫卫生，这使比尔感觉很琐碎。但这些使比尔明白了一件事情，自己并非店里可有可无的附属品，而是不可或缺的一部分。

几乎很难想象，如果没有比尔忙忙碌碌参与销售，米切尔服装店会是什么样。他以亲切而真诚的方式同顾客沟通，使每位和他交谈的人都感到自己是世界上最重要的人。

早在"卓越的客户服务"（Extraordinary Customer Service）一词广泛流传之前，或在我使用"拥抱"一词之前，比尔在生活中已经将它们发挥得淋漓尽致。

人人遇到麻烦都会找比尔，他能使整个商店都充满温暖。他总是时刻准备着，很乐意在深夜或周末下班后接听紧急求助电话。他的妻子说："他把自己的汽车头朝外停着，就像急救医生一样随时做好准备，一有事就往外跑。"

我为人比较坦率、有预见性，有人说我有些瞻前顾后。比尔做事则比较感性，喜欢听从直觉。他可以毫不费力便使人们心情舒畅。他堪称我们服装店的心脏和灵魂，他也是我所知道的最慷慨大度的人，是个天生的拥抱大师。

有意思的是，我早先从未打算投身家族事业。我总认为，卖出一套衣服同卖出一万套衣服没有什么区别，衣服只不过是衣服。即使是在今天，我最关注的还是人而非服装。在卫斯理大学获得学士学位后，我又在加州大学伯克利分校获得了中国历史和文化硕士学位。

当时是 1963 年，我梦想着成为一名外交官。而且我还有个深藏在心底的愿望，就是成为第一任驻华大使。但是，当我完成学业时，中美两国仍未展开对话。

此外，我觉得自己有点诵读困难症（指不能认识和理解书写的或印刷的字词、符号、字母或色彩），在语言学习方面是个非常糟糕的学生。于是，驻华外交官的梦彻底破灭了，所以我必须找点事情干。先是给父亲打了半年散工，随后我在位于里奇菲尔德的一家研究所谋得一个会计的职位。这是家非营利组织，从事基础理论研究。

1969 年，研究所的经费趋于枯竭，我却要抚养四个儿子，所以琳达和我的生活陷入了困境。

这时，父亲和比尔对服装店有了大胆的新想法。他们一直在销售男装和童装。但男孩们都喜欢穿牛仔裤和便鞋，往往连续几天都穿同一条牛仔裤，所以童装的生意并不算好。而女士们往往同丈夫一起来，许多时候也会单独前来为丈夫购衣，但她们却无法为自己买衣服。在店里增设女装部，似乎是理所当然的事情。

于是，1969 年，比尔建议我加入家族生意并且负责女装部。这对我很有吸引力，因为我喜欢新挑战，并希望能干些有"自主权"的工作，所以我答应了。

不过老实说，当时我并不认为自己会喜欢这个工作。但令我感到惊讶的是，自从踏入这个行业之后，我便死心塌地爱上了它。

不要设置障碍

当越来越多的人加入我们的团队后，父亲开始认真考虑组织结构问题。他坚信自己绝不会走上官僚主义和等级制度那条路。

我们深信，要想有效地拥抱，就必须有扁平化的组织结构，上下之间没有多少等级。在官僚制度下，你根本不可能建立拥抱文化。官僚主义会扼杀温情和开放，有它就没有开明的企业文化。在我们的服装店，并不看重什么组织结构或统一指挥。我们几乎可以称得上有那么一点无组织无纪律。我们不想让员工觉得有障碍，我们认为采用扁平化的组织结构就是对所有员工的拥抱。

我们极力建立开放诚实的工作环境。从不怀疑员工会偷拿公物，也不会因为没有完成销售目标而责怪他们。我们宁愿给他们出些新点子，告诉他们如何另辟蹊径、出奇制胜。以前我们这样做，今天也依然如此。

朱迪·布鲁克斯是位出色的新员工，她曾对我说："我真心喜欢这儿。你们给予我自由成长的空间，拥抱我，让我保持本色。我每天早晨起来时都渴望着来上班。"朱迪的业绩一直很红火，就是因为她将从我们这里得到的拥抱又转送给了她的客户。

保持本色

无论你的事业多么发达，你都不能忘本，不能忘记是谁让你走到今天这个位置。否则，你就不会建立真正的拥抱组织。许多商店刚开业时都会搞些优惠活动，不是这个免费就是那个免费。然而，一旦他们觉得已经拥有足够多的顾客，便不再提供免费服务。我们绝不会那样干。

"自始至终，一视同仁"一直是我们的信条。如果男士们可以免费改衣，女士们也应受到同等待遇。我无法想象，其他高档服装店员工如何能够直视史密斯太太的双眼，然后大言不惭地告诉她，女装改衣需花 50 或 200 美元，而史密斯先生的男装可以免费改衣。任何一件你从米切尔买的衣服，我们都保证它们完全合身。正如我们常说的那样，每个人的身材都不同，但你不必为这点不同多花钱！

即使是在某些最好的服装店里，你也会在取货单上看到："你的衣服将在 3 月 25 日改好。"那往往是你站在试衣凳上把衣服试好的两周之后了。在我们店里，绝对不会发生这种情况。无论工作多么繁忙，我们都总是先考虑："顾客什么时候需要这件衣服？今晚还是明天？两周之后可以吗？"

有一次，有一位整形外科医生到我们店里购物。突然他的传呼机响了，当时手机还没发明出来呢，所以他问我们能否使用店里的电话。我们说当然可以，电话就在他身旁不远处。他打完电话后告诉我们，他去过纽约的一家高档商店，也遇到同样的情况。但是，当时销售员

却告诉他："电话在楼下拐角处。"他走到楼下，发现是公共电话，身
上却没带零钱。于是只好又爬上楼，换了些零钱。

　　你能想象吗？为了 25 美分赶走一位顾客！这位医生再没去过那家
商店。幸运的是，这次他碰到的是我们，一群从不忘本的人。

🔴15 找准影响者，擒"贼"先擒王

20 世纪 70 年代初，我们的生意已经不错了，但一些超乎预料的事情又将我们的业务推向新高。

通用电气公司将总部从纽约搬到了费尔菲尔德，成为我们附近的第一大公司。时任通用电气公司首席执行官的雷金纳德·琼斯先生和他的妻子格雷斯女士，以前就在我们店里买过衣服，并且是我们的好朋友。有一天，雷金纳德走进店里，对父亲、比尔和我说道："你们最好扩大一下店面并增加存货，因为我们都会到这里来买衣服了。"伙计们，他说的一点都没错！通用电气公司的员工们几乎把整个店里的衣服都买走了！

蜂拥而至的顾客让我们认识到了头号人物的号召力。希望获得升迁的员工总是密切关注顶头上司，特别是首席执行官的一举一动。如果老板穿的是希基·弗里曼牌西装，那么他们穿同样牌子的西装绝对不会有坏处。如果老板在米切尔服装店购衣，那么他们也会在那里买衣服。

于是，我们开始积极吸引各公司的首席执行官、总裁和大股东前来购物。这些公司领导人往往会告诉我们，他们既没时间也不知道如何挑选合适的衣物。别担心，有我们在，一切都很容易。他们如果没时间试衣，那么可以在下班后再来，或者在上班前就来。而且，我们也乐意提供上门服务，把衣服送到他们的办公室去让他们试衣。

每当有一位首席执行官成为我们的新顾客，该公司的经理们不久便会成群结队地出现在我们店里，他们都想穿得跟大老板一样。尽管后来通用电气公司更替了首席执行官，但我们一直保持着友好关系，从雷金纳德到杰克·韦尔奇，再到杰夫·伊梅尔特都是如此。

我们店出售的每件西装上，除了制衣商的商标，我们都会再缝上埃德·米切尔服装店的标签。

当一位前途光明的新经理看到首席执行官西装上埃德·米切尔服装店的标签时，他就明白自己该去哪里买衣服了。渐渐地，越来越多的公司搬迁到周边城市。IBM搬到了纽约阿蒙克，施乐公司搬到斯坦福，其他公司也紧随其后。我们吸引了不少公司老板前来购衣，大量公司员工及其妻子也都成为我们的顾客。

一旦我们同公司高层建立了联系，我们便能抓住各种小机会，开拓更多的业务。我们总是睁大眼睛，搜寻一切潜在机会。例如，通用电气公司经常组织大批股东到总部参观，导游们需要穿着制服。通用电气公司会告诉导游应该选择哪种衣服，并发给他们一笔钱去购置。

我们找到了公司管理层，表示希望能由我们提供全部制服，这是一件对大家都十分有利的事情。首先，导游再也不必亲自前往购衣，

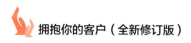

通用电气公司又能得到我们的团购折扣。而我们也能得到长期可靠的生意来源。我们果然成功说服通用电气公司，由我们提供制服——男式是蓝色双面织运动夹克，女式是蓝色双面织套装（当时流行双面织布料）。

通用电气公司还有几架公司专机，停放在韦斯特切斯特机场。所以我们还向这些飞行员提供飞行制服——蓝夹克和灰裤子。我们得知美孚石油公司的飞行队规模更大，多达 25 位飞行员。美孚石油公司希望飞行员穿得像管理人员，每年会发放 4 套西装。我们也成功获得了这笔生意，这些西装全部由我们提供，一年 100 套。

所以说，当你抓住头号人物时，客户便会蜂拥而至。

16 开拓市场离不开拥抱文化

如果你和客户的拥抱足够多、足够真诚，他们就会给你带来更多的生意。你会发现你不但能扩展生意的版图，甚至还能获得些额外的好处，有的时候，这好处可不止"一点点"。

1993 年秋天，我们将位于韦斯特波特的店铺面积扩大了 40%。为了改头换面，我们还将商店名字从埃德·米切尔（Ed Mitchell）变更为米切尔家族（Mitchells）。因为女性服饰占据了销售份额的大部分，我们也在女性顾客之间做了一些调查，结果是女性顾客普遍反映"埃德·米切尔"这个名字听上去太男性化了。另外，"米切尔家族"代表了我们整个家族，而不是某一个人，从这个意义上来说，改后的名字也更贴切。

随着生意蒸蒸日上，我们也琢磨着要开一家分店。1995 年，我们冒着风险买下了格林威治的理查德店。这家店原来是一家发电厂，占地约 8 000 平方英尺，地形狭长、杂乱无章，一言以蔽之：这地方怎么看都不适合开一家高端的零售服装店，但它如今的年销售额却高达

1 000 万美元。得益于销售员和顾客的乐观精神，店铺经营情况一直很好。这里的销售员都是和我父母相同时代的"老一辈"，对科技、售后服务系统之类的名词通通不感冒，但他们都是绝佳的"拥抱者"，有着巨大的潜力，他们只是还没有意识到科技的力量，不会使用客户关系管理（CRM）电脑软件系统而已。

收购一家新店铺的时候，肯定会遇到一些麻烦。我们也没能免俗。不过问题在于，理查德店的销售员都在担心失业，而我在担心理查德的顾客会离我们而去。在韦斯特波特，米切尔家族服装店的销售员和老主顾也惶恐不安，担心我们忽视甚至遗忘他们。简而言之，空气中都弥漫着焦虑的气息。

不过这次，拥抱哲学再次发挥了作用，帮助我们平稳地穿过了这片满是暗礁的浅滩。我们保留了理查德店铺的名字，毕竟这是格林威治的知名企业，并借此向老主顾宣告，我们不仅会保留店铺原有的地方特色，还会竭心尽力地继续为老主顾服务。为了开拓市场，我们向格林威治地区的新顾客发布了公开信，使用的字眼是"合并"而非"收购"，指出两家店铺是"完美的融合"，就像一段天赐的姻缘一般。

同时，我的儿子托德·米切尔不动声色地引入了"拥抱"电脑系统；更重要的是，拉塞尔和鲍勃将 80% 的时间花在了格林威治的店铺上，拥抱服装店的老员工，并向他们保证，未来的工作不光有趣，收入也会很可观。在接下来的 5 年中，即 1995 年到 2000 年，我们在理查德店的旧址上，把营业额翻了近乎一倍。行业内的权威告诉我们，我们可能是全美国单位面积销售额最高的男装店。让我们感到自豪的是，除一位辞职改行追求其他职业的人之外，理查德店的老员工几乎全员留存。我们在韦斯特波特的老主顾还对我们说，"哇，你们不光在格林威治干得不错，也没忘了在韦斯特波特的老伙计。"

从一开始我就深深地知道，为了真正地发展，我们必须搬进更好的店面。在买下理查德服装店后不久，我们又购置了街对面的一处房产。2000 年的 9 月 9 日，也就是四年之后，我们又开了一家新的理查德服装店，由比尔的儿子斯科特打理，并首次引入了女装部。这家店最大的特色是从大堂中央拔地而起的飞翔状大理石台阶，能直接通向二楼的女装部。我把它称为"登天之梯"。在 2000 年的世界零售商店设计大赛中，理查德服装店赢得了"年度最佳商店"的殊荣。最让我们感到骄傲的，是老主顾为我们颁发的"忠诚奖"。据他们说，在这座崭新的现代化的家中，他们体验到了一种宾至如归的感觉。

还有一件值得一提的事，理查德服装店的前任老板埃德·沙克特选择继续留在这里工作，他仍旧是那么的热情专注，拥抱着纷至沓来的客户，就好像他仍是这家店的老板一样。我们也一直称他为"老板"。他将店铺卖给了我们，这就是我们拥抱他的方式。其实他本不用继续拥抱客户，但他乐在其中，大多数人在出售了自己的产业之后，都很难做到这一点。

不久后，我扩张版图的念头又开始蠢蠢欲动，这一次我们瞄上了长岛。一家开在亨廷顿，名为马希斯的男装店引起了我的注意。这家店距离格林威治有一个半小时的车程，老板是一位 82 岁的老人。

当克里斯·米切尔举手示意说自己想去收购这家店铺的时候，说实话我还是挺震惊的。我们花了两年的时间说服马希斯家族出售店铺，最终在 2005 年得偿所愿。我们迅速扩建装修了原店，保持它原有的以男装生意为主导的优势，引入了女装销售。当然，我们也引入了米切尔家的拥抱哲学，成交量也随即攀升。仅仅用了一年的时间，这次收购就获得了无可否认的成功。

与此同时，我们在韦斯特波特的米切尔家族服装店，花了相当长的时间去寻找能够促进销量的新产品，并将箱包和首饰加入到经营项目之中。为了确保这些做法行之有效，托德竟然真的去上了学习宝石的课程，还拿到了证书，并且我们还雇用了不少宝石行业内的资深卖家。我们不仅发现了许多出色的设计师和珠宝系列，还在纽约挖掘出一名优秀的珠宝商，当我们需要为尊贵的客户设计特殊的珠宝时，我们总能从他那里购买到所需的宝石。

正因为有亲密且热诚的客户关系作为支撑，我们独有的"拥抱文化"才能帮助我们成功进军珠宝行业。我们才能够在狭小的经营场地内取得如此高的销售额。

不久之后，加利福尼亚也向我们抛来了橄榄枝。2009 年夏天，我们从一位同行的朋友那里听说，在旧金山湾区，有两家名为威尔克斯·巴什福德的标志性店铺濒临破产，正在焦急地等人接盘。

当时我们对这个消息的反应是：我们太忙了，还有自己的生意需要照料。和别人一样，我们正因为经济衰退而焦头烂额。我又不喜欢冲浪，也不想拍什么电影，为什么非得去加利福尼亚买下一家店铺呢？

不过我母亲曾经有一句关于"机会"的话,对我影响颇深:"让我们喝杯咖啡聊一聊。"所以,我觉得,和他们喝一杯咖啡也无妨。

最后,我和鲍勃、鲁塞尔,以及其他一些人,都乘飞机去会见了威尔克斯,还和他所有的员工都谈了谈。那里的销售员和我们手下的员工毫无二致,都天资聪颖、久经沙场,各有一票铁杆的顾客群体。当时我们的目标是寻找"拥抱者",结果让我们大吃一惊。这里的"拥抱"关系是建立在产品的特殊性上。员工纷纷说,如果我们能引进新潮、流行的商品,他们就有把握将顾客拉回来。

于是,我们坐下来开了很多次会,看了海量的电子表格,直到两眼酸疼。威尔克斯店铺的破产是板上钉钉的事儿,之后要么被清算,要么被我们收购,没有第三条出路。

其实,如果没有威尔克斯,没有 Kiton、诺悠翩雅、布里奥尼、卢西亚诺巴伯拉等长期合作商的支持,估计我们根本不会收购这家店。他们寄希望于我们能让威尔克斯死而复生,因为威尔克斯店铺一旦破产,他们都会面临着不菲的损失。他们也一直坚信我们能成为长期的合作伙伴,源源不断地订购新货。无论是当时还是现在,我们都很感激他们的支持。

我们买下了威尔克斯的烂摊子。我永远忘不了 2008 年 11 月法庭宣布威尔克斯店铺破产的那一幕,法官说:"米切尔家族服装店获得了一家新商铺。"

我们即将面临的问题是:我们能同时经营好两家距离我们 5 000 千米的店铺吗?

当我们正头疼该派哪位米切尔家族的成员远赴加利福尼亚照顾生意的时候，比尔的小儿子泰勒·米切尔说道，"我感到一股难以阻挡的热情，是它促使我举起了手。"随后泰勒就坐上了飞往加利福尼亚的班机。

安德鲁·米切尔和我也曾自告奋勇地去加利福尼亚经营过一段时间。这已经成了我们家族的一项积极共识。

我还记得，一位《布隆伯格》（Bloomberg）商业周刊的记者曾问过通用电气公司的前首席执行官，也是我们康涅狄格州店铺的忠实顾客杰克·韦尔奇（Jack Welch），米切尔家族服装店究竟能不能应付得来。韦尔奇说，"如果米切尔家族能保障服务的同质性，那就没什么问题……不过5 000千米的距离，确实会有些鞭长莫及。"

威尔克斯是一家产品驱动型企业，一直以向顾客提供最新潮的产品为荣。但我们空降至此的目的，是将拥抱哲学加以贯彻。威尔克斯店铺的销售员确实非常熟悉这里的顾客，但他们熟悉的主要方式则是通过产品。我现在需要的，是让他们更了解客户：他们喜欢旧金山巨人队还是洛杉矶道奇队？他们是喜欢听歌剧还是打高尔夫球？他们孩子养的宠物是热带鱼还是鼬鼠？

幸运的是，全体销售员无一离职，而我们开始教授他们如何与顾客、客户及其家人建立更为个性化的关系。

我们决定启用远在康涅狄格州的采购团队。当然采购是基于数据的基础，毕竟我们是一家善于"拥抱"数据的企业。我们将集中采购节省下来的成本转化为接触客户的投资。最终，我们不仅装修了这两家商店，还买下了旧金山赛特街上的一栋 7 层的商铺。自然，我们保留了它"理查德和马希斯"的名号。就这样，我们在旧金山和帕罗奥图站稳了脚跟，并足以和当地的专业百货商店分庭抗礼。

另一个比较重要的"拥抱"行动，就是在我和安德鲁离开之后，我们大胆启用了两位非家族成员来辅佐泰勒。这样一来，我们就解决了 9 位米切尔家族成员全美国各地跑断腿的局面，同时开启了允许非家族成员实施收购业务的新纪元。

很快我们就意识到了同时拥有多家商铺的好处。地方多、空间大，商品转移非常方便。米切尔和理查德两店之间仅有 20 分钟车程，马希斯也是近在咫尺。如果格林威治的顾客需要一件 44 码的西装，我们可以随时向韦斯特波特或亨廷顿的店铺求援，很快就会有专人送到。要是我们在联合包裹（UPS）或联邦快递（FedEx）的朋友愿意施以援手，我们甚至能让货物在一夜之间横跨美国东西两端。

我们在加利福尼亚还发生了不少妙趣横生的故事，比如威尔克斯的橘黄色情结。在长达 45 年的岁月里，威尔克斯的包、箱子、甚至他本人的名片上，都印着橘黄色，特别醒目的那种。不知道他每天吃早饭的时候是不是都要喝橙汁。

反正，我们是准备把色调换为我们在东部常用的青铜色，从而保障包装颜色的一致性。此举立即引发了包括威尔克斯在内的大量销售员的抗拒。更麻烦的是，顾客也开始抱怨起来。他们还是喜欢原来那种醒目的橘黄色。在用了两年的青铜色之后，我们不得不向现实投降，又把颜色换了回来。我知道这才是正确的做法。消费习

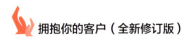

惯是维持价值的基石，值得我们尊重和维护。不知道为什么，但橘黄色似乎牢牢"拥抱"住了加州人民的审美。

总而言之，我们在加州也挖到了"金矿"，金子的颜色是最美的。忠诚顾客、主要社区和商界领袖纷至沓来，都想一睹风采。他们不仅喜欢这里新潮的商品，那种宾至如归、热情定制的感觉也让他们如沐春风。我们自然口碑在外，人人都说，威尔克斯浴火重生了。

你看，喝着咖啡聊一聊，奇迹说不定真的会发生。

⑰ 家族企业的延续离不开严格规定

　　许多家族企业同婚姻一样都会经受考验，有时甚至会因为在经营问题上缺乏沟通而破裂。有一个可怕的事实令我们担忧：92% 的家族企业都传不到第三代。这意味着只有 8% 的家族企业能够幸存。这是一个多么恐怖的数据！

　　比尔和我一共有 7 个孩子，都是男孩。同所有父亲一样，我们都希望他们有一天能够子承父业，但我们没有把握他们是否认同我们的想法。我们坚信，必须由他们自己作决定，而不是由我们来决定。比尔、琳达和我都仍然致力于保持家庭和睦，把一切处理妥当，以便使家族企业不仅能够延续三代，幸运的话最好延续几十代。我认为，确保家族事业成功延续下去将是我整个职业生涯中最了不起的成就。

　　20 世纪 80 年代中期，在明尼阿波利斯召开的一次男装研讨会上，比尔和我遇到了大卫·博克，一位精干的家族企业顾问。听过大卫的自我介绍后，比尔就对我说："杰克，聘他吧。我喜欢他。他很出色，聘用他吧。"于是我们很快就决定聘请大卫出任我们的顾问。

在我们开始解决接班问题前，大卫先帮助我和比尔明白了彼此之间最适当的关系。这花了一两年的时间，其间我们进行了许多次"残酷苛刻但又充满亲情"的讨论。最后，我们兄弟间形成了更为巩固、牢靠的合作关系。

我们成立了一个顾问委员会，包括米切尔家族内参与经营的人和五名家族外的顾问。后者是来自各行各业的高管人员，都是我们家族的朋友或服装店的"粉丝"。我们向他们支付报酬，每季度举行一次会议。正是这个顾问委员会，迫使我们变得更有纪律、更加高效。

他们第一个贡献是帮助我们拟订了"规则"，对我们的七个儿子参与家族生意做出了限制。你们知道我讨厌规则，但这确实非常重要，因此，比尔和我便把它们作为必须遵守的"家规"，谁也不能违反。

对于有意将亲朋好友招进公司的管理者而言，这几条"家规"也同样适用。因为很多时候，企业家都不计后果，将熟人招入自己的公司，这已经成为极其普遍的现象。为了避免这种情况，我们制定了以下两条规定。

有五年工作经验

第一条规定是所有孩子在大学毕业后，都必须在其他公司工作至少五年。比尔、琳达和我见过太多失败的家族企业，原因就在于父母希望子女毕业后立即进入家族企业。这些孩子没有任何经验，有的只是自己的出身。

我记得男装行业有个叫 S.O.B's 的俱乐部，意思是"老板们的儿子们"（Sons of Bosses）。该俱乐部有 98.6% 的成员经常抱怨他们的父亲从不接受自己的"好主意"。当时我认为有些主意确实还真不错。但父亲们通常都认为孩子们还小，他们什么都不懂，因为他们一点工作经验都没有。

有真正的工作能力

第二条规定是，当他们加入家族企业时必须承担真正的工作，并且能够完全胜任，不能简单地只取代某位员工。大卫指出，工作能力与家族基因之间并无必然联系。因此，你必须把握好企业和家族之间的界限。在一个家庭里，作为家庭成员，你会被无条件地接受。但在一个企业里，接受你是有条件的，即必须胜任某项工作。唯一的决定性因素就是工作表现，绝不能妥协。

我们遵循的另一个原则就是当需要做出决定时，首先考虑是否对企业有利，而非是否对家族有利。如果你反其道而行，便会毁了自己的企业。对于家族企业，至关重要的原则是：对企业有利就是对家族有利。我的 4 个儿子拉塞尔、鲍勃、托德和安德鲁，以及比尔的儿子斯科特、克里斯和泰勒，就是人们所说的家族企业第三代。他们都遵循我们的规定，在其他公司至少工作了 5 年，具备良好的工作能力，当出现合适的空缺时，才投身到家族企业，加入我们的行列中来。

近 25 年来，我们规定每周四都举行一次会议，米切尔家族所有参与家族生意的成员都参加，大家谈上一两个小时甚至更长时间。我负责主持会议，制定书面议程。我是个综合意见型的领袖，喜欢大家畅所欲言，以彻底了解他们的想法。这样做的确能让许多新鲜观点冒出来。事实证明，每周开会两小时，大家齐聚一堂共同探讨公司面临的重大挑战。但我们从不进行什么正式的投票，投票中总会有赢家和输家，失败的滋味毕竟不好受。因此，我们会努力达成共识，或者尊重专门负责该问题的家族成员或非家族员工的意见。

大约 15 年前，我们再次找到大卫，就接班人问题向他求教：我们准备将公司逐步交给下一代，而第三代中谁能担任首席执行官？我们花了三年时间去考察，最终一致同意由拉塞尔和鲍勃任双总裁，并最终成为双首席执行官。在此过程中，我仍然担任首席执行官和董事长，比尔任副董事长。但我们对这两个年轻人都充满信心，认为他们能够精诚合作，使事业更加兴旺发达。我们知道，他们都是名副其实的超级拥抱者，他们明白顾客永远排在第一位。

在那三年期间，我们召开了许多次会议，甚至还建立了一个非常重要的新机构——家族委员会，成员包括米切尔家族的成年男士和女士，以及 14 岁以上的孩子。委员会每季度举行一次会议，由一名并未参与家族生意的家庭成员主持，以便将家族企业同家族事务区分开来。

现在，米切尔家族合计有 9 人在家族企业中拼搏，其中甚至包括我父亲。他虽然已 98 岁高龄，但每周六仍会到店里转转。

我时常和别人说："你能想象自己全家都在同一个企业里吗？我们家就是这样，包括我的 4 个儿子、我的弟弟、他的三个儿子、我父亲，还有我的妻子。"每当我这么说的时候，心里其实是非常骄傲。全家人都能为了家族企业携手共进，全心全意拥抱顾客，并且自己也得到了快乐。每当别人听到这些，都会觉得很不可思议："天哪，这太厉害了！"

18 用更多样化的服务经营老客户

我总是说，我们的顾客足迹遍布全球，但只会回到我们店里买东西。

我们约 80% 以上的顾客都来自方圆 25 千米之内的地区，这是因为人们喜欢在附近购物。正如政治家蒂普·奥尼尔（Tip O' Neill）所说："所有的政治都是地缘的。" **我们认为，所有的购物也都是地缘的，只要你拥有世界级的产品和服务，顾客便会找上门来，购物便会变得本地化。**

虽然几乎我们所有东部的顾客都住在店铺周围，但他们的足迹遍布全球各地。许多人在纽约工作，或者经常到那里去。他们可以在麦迪逊大街和第五大道上购物，他们也可以在萨维尔大街或蒙提拿破仑大街购物。

我们吸引顾客到我们店来购物的最重要措施，就是使他们相信，在那些知名商店可买到的一切东西，都可以在米切尔服装店或理查德服装店买到，甚至还要更多。我们听顾客说，他们可以在奢侈品百货商店萨克斯百货或内曼·马库斯百货买到同样的西服或女装，但他们更愿意光顾我们。正如一位顾客前不久对我说的："连你们的裁缝都认识我、拥抱我。多梅尼克、图利奥、帕特、简、约瑟芬、西尔维娅、纳斯拉，都让我和妻子感到自己受到了特殊待遇。"

我们的目标，是把店铺出售的服装，挂满顾客的衣橱。我们对于衣橱的执念，跟金融分析师对钱包的执念相同。如果我们是汽车经销商，我们的目标是让顾客的车库中停满我们商店出售的汽车。如果我们是食品店，目标便是让顾客的冰箱塞满我们出售的食品。有人觉得我们太天真，并认为这想法简直是异想天开，但有远大目标总归没有坏处。

正如所有商店一样，我们希望拥有更多的顾客，这意味着更大的市场占有率，这就是我们努力招揽新顾客、赢回老顾客的原因。但是我们更注重争取同现有的顾客做更多的生意，为他们提供更多样化的服务，这意味着占据更为广阔的市场范围。这对我而言，即意味着拥有更多顾客的衣橱。

我们清楚，我们的顾客也从其他商店买东西。但我们总是努力探寻新途径，拥抱顾客并拓展同顾客的关系，以便能够 100% 占有他们的衣橱。一旦建立起真正深厚的关系，一位以前在你这里买衣服而从其他店买头巾和毛衣的顾客也将开始从你这里买头巾和毛衣。

许多商店花费过多的时间、金钱和精力吸引新顾客，但却不清楚自己的货物在老顾客的衣橱或车库中所占的比例。正如后面讨论技术时将要解释的那样，我们会跟踪顾客从店里买了什么和没买

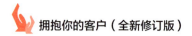

什么。我们可以检查记录，如果有人 5 年内没从店里购买皮鞋，这说明，他们在其他商店买皮鞋。随后，我们将搞清楚他们喜欢什么样式的鞋子。我们如果没有那种样式，就会立即采购一些。

研究结果表明，吸引新客户所花费的精力是保留老客户的 6 倍。正因为如此，我们更重视向老客户提供更佳服务。

如果你已经拥有了某位顾客衣橱的一半，那么你就将目标提高到 3/4，然后再提高到 4/5。最后，可能不知不觉中，你会占据他们衣橱中的每个衣架。

拥 抱 指 南

你必须喜欢客户

如果商店老板不是真诚地喜欢客户，便不可能建立拥抱组织，因为他的个性必然决定整个企业。

商店位置并非最关键因素

如果你建立起拥抱文化，你就不需要最好的地段或巨大的库存。你最需要的是服务、服务、再服务。

扩张三原则

当生意做大时，你必须善于分权，赋予新管理者以责任和权力。不要给员工设置障碍，绝不能忘记企业赖以生存的根本是客户。

搞定头号人物

如果一家公司的大老板成为你的客户，其他员工都会随之而来。这就是头号人物的威力。

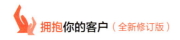

彼此拥抱渡过难关

任何企业都会遇到困难，当发生此类情况时，你采取的应变措施不能影响客户利益。

如果你的公司是家族企业，就必须将企业事务同家族事务分开

我们的主张是企业第一，家庭第二。我们就家族成员进入企业制定了两条指导原则：至少有五年工作经验；具备真正的工作能力。

HUG
YOUR CUSTOMERS

第 3 章

拥抱组织的核心竞争力

聘用并留住优秀员工

—

有了优秀的员工，
才能拥有核心竞争力。
如果想要员工优秀，
除了全面而周到的培训，
还需要给予充分的自主权。

⑲ 以人为本：员工 > 客户 > 产品

我的父母刚开店时，他们不必操心同员工的关系，因为根本就没什么员工。全店只有爸爸、妈妈和奶奶。但是，他们很快便需要雇人帮忙，于是聘用了弗兰克·莫特尔。他之前是美国黄铜制品公司（American Brass）的销售员，当时已经退休。我爸爸在卖服装时，他就为顾客的孩子们变变小魔术。当他太忙或去扶轮社（Rotary Club，以培养"服务精神"的国际性公益组织）参与社区活动时，弗兰克也会帮忙卖一下衣服。

弗兰克是我们的第一位员工。从一开始，我父母便视其如家人，而非仅仅是个"帮手"，这自始至终都是我们家族的处世哲学。**如果经营者对待员工像对待家人一样，他们也会像对待家人一样对待顾客**。

随着服装店的发展壮大，我们后来聘用了许多员工。**我们深信优质服务比优质产品更重要**。

我们认为，提供优质服务的卓越员工才是最重要的。我们的信条很简单，那就是：员工 > 客户 > 产品。

上述排列方式，意味着员工第一，客户第二，产品第三。

为什么会这样排列？因为服务是由人提供的。你可以拥有世界上最好的服务理念，但没有最优秀的员工来执行，同样会失败。实际上，所有卓越的服务都是主动的。比如你开车进入加油站，服务员在加油时主动擦洗车窗会给你留下深刻的印象。如果他把前后窗都擦了，他会给你留下更深刻的印象。如果他连侧窗也擦，而且还面带微笑，你估计会无比感动，甚至想下车拥抱这个服务员。你会永远记住他，下次肯定还会回来加油。

我们总说，如果你派最好的选手上场，就会赢得比赛。因此我们努力尝试聘用并保留最优秀的人才。只要一流的，不要二流和三流的，除非他们有成为一流的潜质。我觉得弗兰克·加拉吉，理查德服装店的顶尖男装销售员，就是一流中的一流。弗兰克的一位老顾客和好朋友曾对我儿子鲍勃说："你要看好弗兰克！如果他离开理查德服装店，可就再也找不回来了！"

20 聘用优秀员工的五个原则

这些年来，我曾同不少大公司的人力资源经理聊过。他们给我看那些精心制作的招聘指南，在面试和聘用员工时，这便是他们的圭臬。这些指南往往长达数百页，包括各种复杂的表格和附录，看得我头昏脑涨。我认为实在不必将事情搞得这么复杂。我更推崇老式的 K.I.S.S. 理论：简单就是美。

多年前，爸爸将自己聘用员工所遵循的原则告诉了我，方法非常简单，而且长期有效。所以，我们店一直依照这个原则聘用员工。

聘用员工的原则主要包括以下五方面内容。

能干且自信

看一个人能干与否并不困难。求职者会填写履历表，你还可以给推荐人打电话了解情况。我们认为，成功人士都应该具备自信这一特质，缺乏自信的人不可能成为超级明星。

自信者总比那些不自信者表现得更好。但如何看出求职者是否充满自信呢？如果他在以前的商店中是头号销售员，或者立志成为头号销售员，或者他的业绩在员工中排名前三，这些都是积极的信号。我们并不看重履历，我们看重的是成绩优异的毕业生。不过我们并不在乎他是毕业于哈佛大学还是诺沃克社区大学，因为他的成绩就足以说明他是如何为之付出努力的。

如果他是辩论队队长或足球队长，同样也证明他具有某种特殊素质。如果求职者从事过销售，富有工作经验，清楚如何服务顾客，这都表明他有自信。他的谈吐也是一个信号。我们经常会同应聘者谈上四五次话，每次都换一位经理主持，以便全面地了解。我会亲自参加一两次面试，被聘用的员工后来告诉我，"老大"亲临面试会产生特殊的亲切感。这为拥抱关系奠定了基础。

积极的态度

出色和平庸的主要差别往往在于态度是否积极。一般而言，面试时你很快便能看出对方态度是否积极。他们把生活看作半空的酒杯还是半满的酒杯？天空是部分多云还是部分阳光？如果他们认为酒杯是"5/8满"甚至是"7/8满"，他们就会引起我们的注意。

我相信积极的言辞总是会给人力量。当我问候某人："嗨，你好吗？"对方通常会答道："还不错，你呢？"我总是说："我感觉很棒！"这使他们感到惊讶，因为很少有人如此乐观。但这使他们也感觉更好了，甚至为之一振。这也是一种拥抱。

我曾遭到过许多人的嘲笑，但我确实喜欢同孩子们一道观看《欢乐满人间》，我喜欢听里面的插曲。"每件事情都有乐趣"，还有"当你发现乐趣时，工作就像游戏一样"。有一天，我问我的长孙莱尔是否知道爷爷最喜欢哪首歌，他答道："哦，当然，是波普斯唱的那首歌——'每天清晨起床，脸上带着微笑。'"

我们喜欢说"机会"，而非"问题"。我从来不用"问题"这个词。任何事情在我看来都是机会和挑战。如果你具备了这种真正积极的态度，你就不会再说"不"。我很讨厌"不"这个字。我喜欢说："好，当然可以。"

有时候，我还会就"当然"发表一通小小的演说："我们当然会将衣服送到家；我们当然会给你送来一杯热咖啡；我们当然会将袋子送到你的车上；我们当然会将你母亲的生日礼物包好送去，即使是在另一家店买的。"

不断学习、期待提高的激情

激情至关重要，因为零售业如同其他行业一样也会令人厌烦。你打了至少 10 个电话，但却几乎没人搭理你。这让人灰心丧气。所以你需要拥有激情的人，能够不断学习新事物、适应新环境。我们发现让应聘者讲故事，就可以很快地看出他们对学习新事物是否充满激情。如果他们热衷于阅读，比如说今天读小说，明天读散文，这就说明他们确实怀有激情，而且这也表明他们希望学习新事物。

金杰·克米安，是理查德服装店新聘用的一位出色的女装销售员。她在被聘用前告诉我她是多么喜欢绘画。虽然我对艺术一无所知，但还是能够感受到她的激情。我知道，她会将那种激情带到工作中来。她说，对色彩的感觉有助于她为顾客搭配衣服。那种激情给我留下了深刻的印象。她一到我们这里便立即成为超级明星。

如果他们对阅读、网球、高尔夫球或旅行怀有激情，他们便能够轻松地学会如何将那种激情转变为对顾客的拥抱。员工来自不同的环境或者会有不同心态，但这并不重要，只要他或她有学习和成长的激情。

关于激情，我们还希望应聘者有兴趣同我们一起干事业，而不仅仅是找份工作而已。**一份工作意味着你能把活儿从头到尾干一遍，并希望能干好。但一项事业则意味着，虽然做的是同样的工作，但要学习如何才能干得更好并不断提高**。你会越做越好，水平不断提高；涉足越深，越有成就感，这就是事业。那就是我们所寻找的理想员工：一个拥抱事业的人。

友　善

"友善"是其他所有特征的基础，这需要团队里的员工都非常的友善。毕竟，谁愿意和性格乖张的人共事呢？反正我不愿意。那么如何挑选友善的员工呢？

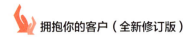

你需要观察和倾听。集中注意力，观察他们是否总是面带微笑、胸怀风度。他们是否待人和蔼、对人真诚。他们是不是有礼貌，是不是散发着关怀和热情。当他们询问"你还好吗？"的时候，言语中的情感是否真实。

"友善"是一种极易识别的特质，只要你能看到、感觉到，就能分辨出真假。如果你在一个人身上找不到这种特质，那还是看看下一个应聘者吧。

诚　实

这是最重要的一项原则。实际上，我并不认为它是独立存在的，因为诚实是贯穿其他三种品质的中心要素。如果一个人不诚实，一切都将失去意义，所以我们特别强调诚实的重要性。

但你如何才能了解应聘者是否诚实呢？今天已经很难搞到关于求职者的可靠信息。介绍信说明不了什么问题。新的法律已经出台，雇主如就前员工的表现提供消极信息将被提起诉讼。正因为如此，我们在面试过程中，会对应聘者进行诚实测验。

这是里德心理系统公司（Reid Psychological Systems）研究出的一套试题。其内容包括一系列多项选择题，一半是关于毒品和酒精的问题，一半是同诚实有关的问题。有些问题的答案似乎显而易见，但实际上却暗藏玄机。测验时可能会有类似这样的问题："如果你有办法不花钱混进电影院，而且不被人发现，你还去做吗？"或者是"如果有人在工作场所偷拿了几次钱，你认为应该再给他一次改过自新的机会吗？"

并非所有人都能够通过考试。还有其他方法可以测试是否诚实，比如说在面试时的提问。例如，我喜欢问："你能举出四五件自己最感骄傲的事情吗？"我希望他放开谈一谈。当他举出自己的孩子、妻子或他自己曾是销售冠军后，我会接着问："那么能谈谈你觉得最尴尬的事情吗？"我想看看他们是否足够坦诚，以至于愿意谈论可能会使自己感到不舒服的话题。我会注意他们回答是否迅速，以及他们是否愿意回答。如果他们简单地答道："不，没有。"这就说明他们可能存在问题。

我们按照这五条标准不断测试应聘者，效果很不错。

21 授予员工自主权

通过上述五条标准聘用的员工通常素质都很不错。但他们的工作表现不能只依靠这些品质。如果他们没有自主权，那么他们依然会无所作为。

在我们的组织里，所有人都拥有适当的自主权。商业界对于这件事有不同的看法。我们过去使用的是"授权"这个词，但 IBM 全球创新与技术执行副总裁尼克·多诺福里奥认为"授权"这个词可能会引起误会。所以后来我们改为使用更贴切的一词——自主权。

授权意味着员工为了使顾客满意，可以去做需要做的事情。但是，如果一名员工拥有自主权，就知道为了使顾客满意，自己有权主动再提供一些服务。你还可以提供一些组织上的支援，这位员工就不必手忙脚乱了，也会更易于成功。在我们看来，自主权和授权之间的差别，仿佛就是辞职和解职之间的差别。

正如我前面提到的，我们拥有扁平化的组织结构。让员工感到拥有自主权这一点非常重要。而且在我们的组织中没人会吹嘘自己的头衔。比尔虽然是副董事长，但他永远不会在自我介绍时提及，他在名片上印的职务是"教练"。

而且我们谈到员工时从不用"员工"二字，他们是同事，字里行间暗藏着巨大的力量。在许多行业，尤其是在零售业，我仍然会听到"帮工"一词。但有谁乐意被称作"帮工"或"店员"？一些服装店的员工，喜欢自称"购物咨询员"或者"购物助理"，听上去也很不错。我记得，在汤姆·彼得斯（Tom Peters，美国著名管理学家，畅销书《追求卓越》的作者）的书里，一位装配线上的女工自称"最高指挥官"，这使她感觉很不错。我们店所有的员工都有名片，这表明他们都是专业人士。

甚至刚参加工作的员工也知道，他们可以主动做任何使顾客满意的事情。如果你没有做决定的权力，就很难拥抱顾客。紧急情况往往突如其来，根本来不及请示各级领导。因此我希望员工相信他的直觉，立即采取必要的行动。

一天早晨，百事可乐公司的一位女经理打电话给自己熟悉的销售员："麻烦了！我要到外地出差，有套衣服得马上改！"丽莎·艾瑟琳没问任何人，便立即离开服装店，驱车 20 分钟，赶到位于纽约帕切斯镇的百事可乐公司总部。那位顾客正在会议室里，并解释说"有个会议我必须参加"。她曾从我们店买过一套衣服，但当时既没试穿也没修改。现在她马上就要穿这套衣服，却发现大小并不合适。丽莎立即在办公室里为她量了尺寸，随后带回店里让裁缝改好，当天便将衣服送回到顾客手中。

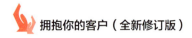

丽莎没有请示任何人她是否能离开店去为顾客服务，因为她拥有自主权。她只需去做必须做的事情，以便使顾客感到满意。

但是，赋予员工自主权并不意味着放任自流。有一则关于美国知名的时尚购物中心诺德斯特龙公司（Nordstrom）的轶事，他们不销售轮胎却曾经收下顾客的一套汽车轮胎！我们几乎接受顾客的所有退货，并为此深感自豪。但是，我们也不希望员工把洗碗机也接下来。他们必须开动脑筋去思考。

让他们拥有自主权，但是别忘记了引导他们。

22 既合作又竞争

无论你身处什么行业，你总希望拥有"忠实粉丝"，也就是那些长年累月购买你商品的人。比如说，我的弟弟比尔几乎每天都要洗车，他便是洗车行梦寐以求的客户。当一位这样的客户光临时，销售员之间自然会出现激烈竞争，以争取到这位客户。

我们鼓励这种竞争。但是，最终决定由谁提供服务的是客户本人而非销售员自己。所以所有人都必须接受这一决定。我们称此为"既合作又竞争"。

当然，失去一位"忠实粉丝"或其他任何顾客，哪怕那位顾客只是转投同组织内的另外一位销售员，对销售员而言都是个打击，没有谁喜欢遭到拒绝。但是，团队协作就是如此，公司利益永远高于个人的利益。

要想取得成功，合作至关重要。如果销售员之间不能建立积极而亲密的关系，整个组织就可能瘫痪。此外，不同工种间也需要合作，采购员和送货员必须同销售员齐心协力。

当某位顾客走进服装店且没有去找某位特定的销售员时，我们要求销售员在两分钟内主动询问这位顾客："一般是哪位销售员帮你挑选服装？"如果对方答道"一般是雷帮我挑衣服"，那么这位销售员应该把雷找来。如果对方答道"谁都可以"，销售员即可努力和这位顾客建立关系。

如果顾客得不到想要的服务，或者同现有销售员合不来，其他销售员也可以同其建立关系，这属于公平竞争。有时，一位顾客进店买衣服但买得并不多，就是因为提供服务的销售员让机会白白溜走了。之所以我们的销售员盖尔和乔能够取得出色的业绩，就是因为他俩会主动并且真诚地关心那些同其他销售员关系一般的顾客。他们会提些"开放式"的问题，谨慎地了解情况。最后发现这些顾客需要更多的衣服，甚至远比他们自己想象的还要多。

当盖尔或乔到电脑上查询数据时，他们注意到这些顾客有指定的销售员。盖尔或乔会问自己的同事："你了解索菲亚·波茨和劳伦·库比克吗？"而那些销售员往往不记得自己的顾客，所以根本不介意盖尔或乔接手。于是，两人便会在电脑系统中，将相应销售员的名字改成自己的名字。然后，便开始采取行动，他们往往能使这些顾客成为大主顾。这就是合作。

我们经常会组织销售员比赛，以保持竞争精神。同时我们也注意促进他们精诚合作。例如，在特定时间内销售杰尼亚西装最多的销售员可以赴欧洲旅行一次。但是，有些销售员拥有不少独爱杰尼亚西装的顾客，甚至比其他销售员要多得多。为使别人也能有获胜的机会，我们会让销售冠军做些让步，适当扣除他的销售额。这也是打高尔夫球时为拉平技术差距经常采取的做法。对此，销售冠军们都欣然接受。这就是合作。

我们的最终目标，是鼓励销售员同自己竞争，同其他商店竞争，但在团队内部则乐于合作。我们的经理不仅为销售员，还为所有人都设定了"最高目标"。所谓最高目标，就是我们感觉很难实现，但如果更有效地工作，还是有望达到的目标。这促使员工致力于提高自身的工作效率，而不是操心其他人在干什么。

当你促使员工们相互合作无间时，顾客便不必为由谁来提供服务而费心，而是与某位销售员形成固定关系，正是这种关系能促使他们到我们店来。

无论何时，总是有些顾客兴之所至，到我们店里待上一会儿，不管是否买衣服。他们甚至会同员工聊聊婚姻或工作，或是孩子们的问题。一位丈夫曾给他妻子熟悉的销售员写来一封感情真挚的信，感谢她不仅帮助自己的妻子选购衣服，而且使她提升了自信心。正是由于这种亲密的关系，我们感觉自己有时像理发师或美容师。

多年以前，一位在雅芳公司工作的顾客曾告诉我一个关于理发师的真实故事。这位理发师在曼哈顿中心区雅芳大厦内工作，我们的这位顾客总是去那里理发。但是，有一天这位理发师搬到几个街区以外的新店，位于纽约体育俱乐部。那时候，我们这位顾客的头发实际比我还少，而我的头发本来就不多。

令人难以置信的是，尽管雅芳大厦里还有其他的理发师，完全可以为这位顾客继续理发，但他仍然愿意步行几个街区，去找原来的理发师。为什么？就是因为关系。每次他去理发，那位理发师都会"拥抱"他。理发师会给他讲个故事，而这使他感觉非常好。

现在我们不妨换个角度考虑一下，如果那位理发师的前任老板对我们这位顾客说："吉姆，我们很遗憾丹已经走了，不过卡洛斯认识你，也见过丹如何给你理发，而且我们真的希望继续为你服务，不如给卡洛斯一个机会吧？"我敢打赌，吉姆多半会留下来。

当一位销售员离职或去世时（很不幸，不久前真的出现过这种情况），我们便需要采取这样的措施。我会向那位销售员的主要客户发去亲笔信，推荐我们的"卡洛斯"们，并让他们去拜访这些客户，看看能否建立新的关系。这道理同样适用于商店、美容店、银行或汽车经销商。毕竟，当活生生的人站在面前时，顾客总是很难拒绝。

如果一名员工无法与同事们和睦相处，那么他就必须离开。有些人无法适应工作，可能是由于两个原因：他们难以适应拥抱文化，或不愿适应拥抱文化。如果有人难以适应拥抱文化，我们会予以帮助并给他第二次甚至第三次机会，毕竟我们很擅长教导员工。但如果某位员工拒绝适应拥抱文化，虽然我们遇到的此类情况并不多，那么他必须离开，而且是立即离开。

在拥抱文化中，如果所有人都能够精诚合作，那么整个商店便会因此获得成功。如果所有人都能够融入拥抱文化，那么便不会出现利己主义。

我们的鞋类销售明星布鲁斯·凯利曾说："如果你是纽约扬基队的

一员，即使只能做第九击球手也别懊恼，因为扬基队才是胜利者！
在商业界也一样。我们有许多销售员如果在任何其他服装店都能排
第 1 名，但在这里却可能才排第 11 名，不过我们都感觉自己是世界
冠军。"

　　销售员到了我们这儿就不想走了，即使他们都有选择离开的自由。
但为了实现自己的职业梦想，他们都留了下来。

㉓ 针对性培训：磨刀不误砍柴工

生活就是不断地学习，然而大多数公司，尤其是小公司，在员工培训方面做得很不够。坦率地讲，我们也仍需要做很多工作。我们需要提高所有员工的水平，其中包括我本人。有太多的公司认为培训成本高昂，只适用于大公司。实际上并不需要很多钱。

我们就像办了一所"米切尔大学"一样，播放迈克尔·雅各宾的教学录像对员工进行有针对性地培训，主要内容是如何同顾客打交道、如何同顾客交谈以及如何培养忠诚的客户。我们告诉自己的团队，要掌握富兰克林·柯维的时间安排法。

令人难以置信的是，许多员工在到我们店之前，几乎连本记事簿都没有。我们告诉他们，应该准备一本记事簿，记录店里和个人的安排。可能今天不需要用到它你也能卖出东西，但考虑到明天乃至今后同顾客的关系，就必须准备一本放在手边。在培训中，我们还会讨论本店的历史、愿景、使命和指导原则。

但是我们的培训方式是非正式的。每天的会议都包括产品知识介绍，一般由采购员负责讲解，有时也会同我们的供应商，来自杰尼亚、爱马仕、阿玛尼或希基·弗里曼公司的人员共同介绍，分享关于当季新款服装的知识，或如何更有效地订购服装。

有许多个清晨，我们聚集在一起，开一个非正式的小会，相互介绍前一天的业务情况。我们还带员工前往纽约参观时装展厅，他们可以听取不同厂家代表的介绍。所有这些会议和信息的分享，都有助于建立一种特殊形式的纽带，而拥抱文化、共享文化又会使其进一步加强。

有件事令我们深感惊讶，那就是许多商店往往对自己的商品漠不关心。你走进一家电器店想买一台电视和其他配件，那里可能陈列着80 种型号。你告诉销售员你的需要，并且问他哪种型号最好。他有99% 的可能会挠着头皮说："哦，现在我们有一种'无所不能'的型号正在打折。"这位小伙子对你和你的想法毫无所知，不知道你是准备买给孙子还是孙女。在其他商店里，这种情况司空见惯。

当我们考虑传授给新员工什么时，我们最希望他们掌握以下五点。

永远将顾客放在第一位！

从你早上起床，直到晚上睡觉，甚至在睡梦中，都必须将顾客放在心上。在拥抱文化中，没有什么比顾客更重要。顾客就是宇宙的中心，就是国王和王后。

我们有一位员工习惯早晨先在店里转一圈，将商品摆放得整整齐齐。他仔细检查地板上是否有脏东西，照明灯泡是否坏了，对其他东西也是如此。他将"清洁卫生"放在了核心地位。

有一次，我问他："每天早晨你想到的第一件事是什么？"他立刻答道："店里的一切都要干净整齐。"我摇了摇头，"首先想到的应该是顾客。永远要想着顾客。服装店的整洁确实很重要，但最重要的仍是顾客。"为了让他想通，我叫他尝试一星期，一次也不要整理那些商品，无论看上去多么杂乱无章。请相信我，这个星期对他而言实在是个折磨，因为习惯确实很难打破。但是，现在他已经将顾客的重要性放在了整理商品的前面。

热情的态度

我们提醒员工在同顾客打交道时，态度一定要友好亲切，面带微笑。所有男女员工都应该如此。不妨换位思考一下，当你遇见别人时，对方面带微笑，你自然也会感到温暖。有一次，一位顾客说："为什么这里的人都在微笑？我感觉真的非常好。坦白讲，一来到你们店里，我心情就非常好！"

员工甚至在打电话时也应该微笑。大多数人不知道这个秘诀，实际上当你微笑时，说话的声调也会改变，听上去更加轻松愉快。有家房地产公司还在电话前放上小镜子，以便员工在打电话时可以检查自己是否在微笑。

面对面同顾客交谈时，眼神交流非常重要。为强调这一点，我们开玩笑地问员工："你知道顾客的眼睛是什么颜色的吗？"你还可以想一想，自己是否知道朋友们眼睛的颜色。有些人甚至连女婿或儿媳眼睛的颜色都不知道。

正如我前面曾说过的，与人交往时最好直呼其名。我们告诉员工，这样做是为了使销售员和顾客的关系更上一层楼。一般情况下，这其实是在向顾客发出明确的信号，我们希望建立亲密和信任的关系。我愿用一英镑作为赌注，美英首脑第一次见面握手时，乔治·布什肯定会对托尼·布莱尔说"托尼"，而后者也会称呼对方"乔治"。这就是表达互相信任的行为。

但我们总会有些员工很难转过弯来，无法适应这种思路。特别是安妮·玛丽，她就是没办法做到这一点。她是从挪威来的交换生，很有教养，称呼任何人都要加上"先生""女士"或"小姐"以示尊敬，而从来不会直接称呼"迈克尔"或"吉尔"。

我逐步引导她克服心理障碍。我告诉她："你需要改变。你会发现这将使一切都大为不同。即使你拒绝直呼其名，我也不会开除或处罚你，但如果你想试试的话，我会非常高兴。记住，你是名专业人士。你的顾客依赖你打扮他们，以便得体地去参加舞会或出门上班。你的意见对他们来说非常重要。"我对她说，"当你打开家门欢迎朋友来访时，我想你不会说'请进，奥康纳夫人'，你会说'克莱尔，见到你真高兴，快进来吧'。"她果然开始试着去做，没多久就完成了转变。她的年销售额也从 50 万美元增加到了 100 万美元。这可能并非仅仅因为直呼其名，但至少那样做没有坏处。

多年之前，我们还找过一位专家，请他教我们如何更好地记住人名。我甚至还记得他的名字叫卢·温斯坦。他教给我们一些小窍门，比如将名字同其他东西联系在一起。例如，将"史密斯"（Smith）同"铁匠"（Blacksmith）联系在一起。在同顾客交谈时，要尽可能多地重复其名字。

另外，销售员还应注意绝不要说："需要我帮忙吗？"顾客听到这句话，立刻就会觉得销售员在给他压力。他很自然就会说："不，我只是看看而已。"我们建议销售员谈谈与顾客相关的别的事，而不是光谈商品。

交易达成时，要记得说上一句："谢谢你！"这是发自内心的感谢，因此应该很真诚地说出来。你是否有过花了很多钱购买一件衣服、一辆汽车或一瓶昂贵的葡萄酒却根本无人对你表示感谢的不愉快经历。所以我总是试着对视顾客的眼睛并说："谢谢你购买我们的衣服！"对方总是很愉快地表示接受。这也是一个拥抱。

建立客户档案

正如我在第 1 章提到的那样，我们要求员工询问顾客一些关于其本人的"开放式"问题，主要涉及三个方面：工作、个人和家庭。我们希望知道她们为何需要一件衣服，而不是仅仅给她们拿一件 8 码衣服，或机械地把她们领到童装部。这可以使我们了解顾客的情况，以便建立关系。我们想要了解他们的信念、最自豪的时刻以及价值观。

他们是喜欢搜集宠物狗的身份牌，还是喜欢搜集牙签筒。任何能帮助我们了解顾客的信息，我们都想知道。

这是我们受迈克尔·雅各宾的启发，制订的"客户积累计划"的一部分。我们可以在此基础上建立关系，使客户成为我们的忠诚客户。在下面讲述具体技巧时，我将详细解释我们所说的"客户"具体意味着什么，以及我们如何存储和使用搜集到的信息，使客户每次购物时都能得到物超所值的服务。

当我们聘用新员工时，也会让他们谈谈关于工作、个人和家庭的情况。这能帮助我们更好地了解新员工，同时也让他们明白，了解顾客是很容易的事情。你用不着小心翼翼地刺探，你只需表示感兴趣并稍作努力即可。我们发现，最简单的办法是先聊些客套话，接着再询问"最近工作怎么样？"或"最近家里怎么样？"。

人们都喜欢谈论自己的工作和家庭，这样就可以打开话匣子。然后，便可以将谈话深入："哦，你有一个 10 岁的女儿？我的女儿跟她同岁，她刚刚开始学吹大号。你女儿对什么感兴趣？"就这样，同顾客的关系便建立起来了。

运用常识

我知道，这听上去似乎根本不值一提。不过这个道理虽浅显易懂，但人们却总是将其抛诸脑后。其实它是优质服务的重要基石。比尔总是喜欢向新员工讲述下面这个故事。

他的儿子斯科特当时是达特茅斯大学的大一学生，那天是"开放日"。比尔夫妻去学校听了一节斯科特的经济课。教授正在讲授关于家庭手工业发展的种种战略。他在黑板上写下密密麻麻的公式，讲桌上还放着一摞案例研究报告。

快下课时，他将那些案例报告都扔到了地板上，并且擦掉了黑板上的所有公式，然后提问："好，谁能用两三个字，概括这堂课的精髓？"斯科特举手答道："现金流。"不对。比尔也举起了手，试探着答道："谢谢你？"教授对他表示赞赏，但说这也不对。还有人回答道："是的，请。"

但都没答对问题。正确答案是："常识。"比尔评论道："那天没有一个人答对问题，而当我在其他商店购物时，也非常惊奇地发现，似乎极少有人理解这一点。人们竟然如此无视常识！"

一天下午，一位女士拿来一件女装，装在我们店的盒子里，衣服已被虫子咬出了洞。我有些犹豫，因为，首先这是件 8 码的衣服，而这位女士的身材是 14 码。其次，我看出这件衣服至少买了 3 年之久。查阅电脑系统后，发现是 4 年前售出的服装。

我们问了些问题，一切便真相大白了。她是位女仆，家里的女主人最近刚刚去世，她在女主人的衣橱里，发现了这件衣服，于是便想拿来换。凡事都要讲道理，所以我们不能接受她的退货。"那好吧。"她只好表示同意。于是，我们一起喝了杯咖啡，共同回忆了她的前雇主，我们曾经的老主顾。

3E 原则

要想高效率的拥抱，必须遵循 3E 原则：活力（Energy）、热情（Enthusiasm）和执行力（Execution）。将三者结合在一起，就能做到出类拔萃。

有人认为，有活力和热情就足够了。实际上这未必够用。因为如果你没有执行力，那么拥有前两样也毫无意义。在优秀的拥抱者身上，你可以看到所有三个要素。头两个要素是必备的，但真正使其出类拔萃的是第三个要素。他们都是实干家。他们总是集中精力，执行当前的销售计划，然后迅速制订新计划。

当你从一家店买了些东西后，销售员是否会在一两周后打电话询问你是否满意？我猜可能从未有人这样做过。你上次购买洗碗机后，销售员有没有打过电话询问是否合用？当你买了一套房子后，房产经销商是否进行过回访，以确保后院没发现白蚁或沙坑？

我们在为顾客改好衣服并送到家里后都要打个电话，以确保他们对改好的衣服及接受的服务都感到非常满意。我们称此为"满意电话"，这便是拥抱。即使你只是买了一条领带，也会接到电话，这就是执行力。

执行力就是确保顾客买到他们真正需要或想要的东西，而不是卖完东西就万事大吉。关系销售所追求的是善始善终的服务。琳达和我为 7 个孙子买玩具，销售员卖给我们一辆玩具消防车或一架玩具飞机，但却懒得告诉我们要额外买电池，这令我们非常反感。明明消防车得用 2 号电池，他们却卖给我们 5 号的。结果，到了圣诞节的早晨，我们的孙子急着想玩新玩具时，我不得不开车跑遍全镇，去找一家仍然营业且卖电池的商店。

关于执行力的重要性，乔安娜曾经给员工上过生动的一课。

20 世纪 80 年代初，乔安娜是店里的经理。一个周六的清晨，她穿着一件三件套的男式西服，站在包括销售员和裁缝的所有员工面前。没有衬衫，没有鞋子，没有袜子，也没有皮带。

"你们这帮小子就是这么卖给我父亲新西装的。"她说道，"现在你们必须记得，他是家大公司的经理，每天清晨都会早起，我母亲睡在床的另一边，而他不得不打着手电，去找能配这套新西装的衬衫和领带。但他却找不到合适的，于是便把我、我妈妈和米切尔服装店都骂了一顿！而你们这帮家伙却以为自己很了不起，还在为卖给他一套795 美元的西服得意扬扬。"所有人都立刻明白了她想强调什么了。

正因如此，我们总是要求新员工观察那些优秀的销售员是如何工作的。观察优秀销售员的行为，学习可借鉴的做法，慢慢就能形成自己的特色。

记住，一位受过良好培训的员工才能成为一位高效率的员工。

24 关心员工并使他们快乐的四个关键

要造就了不起的员工，聘用、赋予自主权和培训只是成功了一半。你还必须采取一切可能的措施留住他们，持之以恒地关心他们。

员工如果没有"天天向上"，也不渴望投入到工作中去，就不可能全心全意为顾客服务。但在我看来，薪酬或提成并不是问题的关键所在。促使员工同我们一道努力工作的原因包括多个方面。除可以获得可观的报酬以外，还包括令人愉快的工作环境、在诸多细节上的关心以及商店在本地的声誉等。

我们认为，要关心员工并让他们感到快乐，需要注意四个关键因素。

支付优厚薪金

虽然钱并非一切，但每个人都离不开钱。我们相信必须给予员工优厚的报酬他们才会回报以全心全意的工作。

随着并购其他商铺的计划不断推进，我们意识到是时候为员工建立一套标准化的补偿制度了。我们取消了米切尔、马希斯和威尔克斯·巴什福德等店铺的佣金制度。我们不喜欢"佣金"这个词，它听上去不那么群体化，而且让人产生一种紧盯着"成交"而忽视维系客户"关系"的错觉。

我们的店铺都是客户导向的，而客户倾向于接受团队而非个人的服务。我们用一套新系统取代了旧的薪酬模式。新系统由基于销售员获客能力的季度客户奖金，和基于销售业绩及其他量化指标的年度分红组成。一旦销售员发现我们所付的薪水水平高，最好能比我们的竞争对手高，并且经济补偿还算合意，那我就要开始引入一些新的因素了。这些因素之中的每一个都和薪水一样重要，有些甚至更重要一些。

让他们拥有自己的时间

我们关心员工的另一个重要方法是为他们保留一些时间。在其他公司，无论销售什么产品，销售员的工作时间都会被延长到近乎残酷的程度，以至于完全没时间做其他事情。

许多商店，特别是大卖场里的商店，一周总有几天很晚才打烊，甚至在周日也是如此。有些汽车经销商在周日也营业，企图见缝插针地多做些生意。我们在周日不营业（除非是在节假日），而且也只有周四这一天才在晚上也营业。这是因为如果强迫员工延长工作时间，将严重破坏甚至完全摧毁我们之间的拥抱关系，他们也就不会主动同顾客建立拥抱关系。其他服装店的员工每周工作时间并不固定，往往长达 50 个小时以上，除了卖衣服以外几乎无暇顾及别的事情。我们的员工则拥有自己的生活。

在顾客尤其是新顾客看来，我们的营业时间似乎与理想的客户服务相悖。顾客有时希望晚点来购物，或者希望在周日购物。但我们店是建立在员工同顾客的关系基础之上，顾客清楚必要时我们会很早开门、很晚关门。如果顾客有急事，周日也可前来购物。**但为了吸引和留住优秀员工，必须让他们在工作和生活之间保持平衡。**

许多商店都不注意这方面，因此只能留住平庸的员工。如果我们在周日和晚上营业，可能会招揽到更多的生意。但从长远看，这样做是不利的，因为这完全违背了我们的企业文化。

至于工作时间方面，我们允许存在特殊情况。有位非常出色的员工，已经 64 岁了。他跟我们的关系很密切，曾"坦白"在工作日有时会非常疲倦，便偷偷溜出去一个小时，在自己的汽车里打个盹儿。我答道，这真是太妙了，他了解自己的体力并能够进行自我调节，实际上我也经常那样干。权威人士管这个叫作"充电盹儿"。于是我说，他也算是位权威人士了。

了解他们的关注点

正如我们要求销售员为顾客建立档案，要像了解商品一样尽可能多地了解顾客那样，我们还要求包括我在内的管理人员，要为所有员工建立档案，要像了解顾客一样尽可能多地了解员工。

例如，我们很注意对不同的人说不同的话。以比尔为例，早晨见面时你得和他说"早上好"，否则他会认为有什么地方出了问题。他就是对这个很在意。如果我不断地对性格内向的员工说"早上好"，他们可能会感到很别扭。我在早上往往会匆匆碰到许多人，什么客套话也不说，脑子里想着其他事。但我要求自己必须得对比尔说"早上好"，不管当时有什么事，因为那对他很重要。

有些员工喜欢在生日接到祝贺电话，或是收到生日贺卡。或者，他们喜欢在工作周年纪念日收到我们写的短笺："祝贺我们共事6周年，希望我们能够共事60年。"对其他员工的关心也大致如此，关键在于知道员工在乎什么，然后针对性地采取措施。

我喜欢讲海蒂·威廉斯送花的故事。多年以前，我们正打算招聘海蒂到店里来。最后，她表示将加入我们的行列，大家都感到十分兴奋。我们感觉得到这对海蒂而言是个重要的决定。她是梅西百货商店一名非常忠诚、十分投入的员工，同原公司的关系很好。于是，我送了一束鲜花和一封亲笔信，表示欢迎她加入米切尔服装店，并且指出这里的前途将十分光明。

海蒂在我们店工作两年之后，我们一道参加了关于拥抱和关系销售的研讨会。海蒂在会上讲了关于鲜花的故事，还谈到了一些我们不知道的情况。她说，在同意到我们店工作后，梅西百货商店提出了更优厚的条件，而她回答说将再考虑一下。开车回家时，她心情很复杂，但当回到家中后，看到了鲜花并读到我欢迎她加入的亲笔信，她觉得非常感动。很多人觉得别人的关注点是非常难以捉摸的东西，但实际上它可能小得令人难以置信——仅仅是一束鲜花和一封友好的便笺。

给予他们特殊待遇

关心员工的另一个有效方式是出乎意料地给予他们特殊待遇。去罗马吃顿午餐如何？我们招待首位"百万美元销售员"丽塔·罗曼和她丈夫马克去意大利游玩，享受同样待遇的还有弗兰克·加拉吉和他的妻子帕特。当鲍勃·米切尔希望雇用一些私人裁缝店的裁缝专家时，他便带着理查德服装店的裁缝大师图里奥·基安尼提一起去意大利物色合适人选。相信我，员工们都很喜欢得到这种待遇。

我们在韦斯特波特的首席裁缝师多梅尼克·康多里奥喜欢足球。因此，当 1994 年世界杯在美国举行时，比尔邀请多梅尼克一同观看了所有比赛。不仅仅在纽约，他们还跑到了波士顿和洛杉矶。

杰夫·库扎克喜欢纽约大都会棒球队。由于杰夫的一些顾客在西亚棒球场有包厢，经常会邀请他去观看大都会棒球队的比赛，有时还会邀请他出席比赛开幕式，即使是在周六营业时间。我们便给他开了绿灯，因为这也是我们拥抱他的一种特殊方式。

在看望患病员工方面，我们也采用同样的方式。许多老板都会前往医院看望患病员工，我们也一样。但是我们希望做些特殊事情让他们喜出望外。

几年前，我们的老采购员梅尔·格罗斯得了重病。我经常同他开

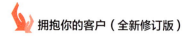

玩笑，说他是我们唯一允许开小差的员工。相信我，虽然梅尔总是身体不太好，但是他那虚弱的身体中绝对有颗金子般的心。

他安了两个导管，摘除了一个胆囊，我是除他家人外第一个去探视的人。我悄悄带着新鲜榨取的橙汁和提拉米苏蛋糕溜进病房。那些食物都是琳达亲手所做。梅尔经常开玩笑说，他的妻子弗兰总是按照婚约中的规定，为他做新鲜榨取的橙汁。此外，梅尔也特别喜欢提拉米苏蛋糕。

如果你真心地关心员工，便会潜移默化地影响他们关心自己的客户。最后自然会形成多赢的局面。

人、服务和产品

服务比产品重要，但是为你工作的优秀员工才是最重要的，因为出色的服务是由他们提供的。

五种品质造就优秀员工

他们必须能干且自信，必须具有积极的态度，必须具有倾听、学习和成长的激情，努力做到最好。最后，还需要友善和诚实。所有这些品质缺一不可。

赋予自主权

当员工拥有最大自主权，在生意范围内可以采取一切必要措施时，拥抱文化才会发挥最大作用。但当他们无法确定，或仍处于成长阶段时，他们应主动寻求指导。

既合作又竞争

如果员工相互间没有建立积极且亲密的关系，组织便难以正常运转。

培训而非训练

员工必须学会将顾客置于最优先的位置，亲切地交往，依靠常识，为顾客建立档案，遵循 3E 原则。当你将活力、热情和执行力三者结合在一起时，就能做到出类拔萃。

关心你的员工

如果你不关心自己的员工，你就不能指望他们拥抱顾客：支付给他们优厚的薪金，让他们拥有自己的时间，了解他们的关注点，针对每个员工的特点给予出乎意料的特殊待遇。

HUG
YOUR CUSTOMERS

第4章

将技术融入拥抱文化

没有技术就无法竞争

———

资深的员工离职或者遭遇变故的时候，怎么办？
你需要一套完善而且适应全公司上下需要的电脑系统
帮你记录下有关客户的一切信息。

25 拥抱客户必须运用技术

　　刚开店时，我父母的理念是：提供卓越的服务，了解每一位顾客。最初，我父亲几乎能将顾客们的需求信息，都装在自己的脑子里。但随着生意不断做大，我们日益依赖于一位极其能干、精力充沛的女员工奥利芙。她用一台老旧打字机记下所有的应收账款，把顾客资料保存在无数张只有她知道在哪儿的纸片上。我们称之为"奥利芙的世界"。但是，这种做法也让我们略感不安：如果奥利芙出事怎么办？如果那些纸片出事怎么办？

　　我们需要自动化。而且经理必须为员工提供工具，以便有效地拥抱顾客。我们觉得，最好的工具就是技术。技术是现代所有杰出公司的根本依托。两家公司也许各方面都旗鼓相当，但假如一家拥有先进技术而另一家没有，后者必将被淘汰。

　　我们很早就明白，技术不仅能告诉你现在应该做什么，而且还能更准确地收集客户的资料，更有效地开拓市场。技术可帮你预测顾客的期望，甚至是在他们本人都不太清楚时。还能让你的组织用同样的声音同顾客对话。技术威力无穷，相当于 100 万个奥利芙。

于是，当我们意识到自己对奥利芙过分依赖，她可能会日渐老去、最终退休、安享晚年并不再为我们工作时，我们便决心将技术融入父亲建立的客户服务体系。我们决定走高科技之路，并且决不能回头。

应用技术的关键在于它必须能够支持拥抱。由于我们必须了解顾客的需求、偏好和购物方式，在技术设计时就得考虑到这一点。令人惊讶的是，虽然同顾客的关系对任何公司的成功都至关重要，但却很少有公司使用电脑系统予以跟踪。许多酒店不知道哪位顾客喜欢大床，哪位顾客希望床上多放几个枕头；航空公司不知道哪位顾客喜欢坐在靠过道的位置，谁又喜欢坐在窗户旁……

20 世纪 70 年代初，我们决定让米切尔服装店电脑化。那时还没听说有哪家我们这种规模的商店这样做。但我们深信，如果想充分发挥潜力，实现主宰市场的理想，就必须这样做。一开始，我们就决定购买"蓝色巨人"的产品。因为我们拥有不少 IBM 公司的顾客，对我这个曾在研究所做出纳、记账和学中国历史的硕士而言，IBM 公司就意味着掌握了顶级技术。

同 IBM 的正式合作开始于 1972 年。我们试用过各种型号的电脑，最后决定使用 AS/400。这是一款功能强大、大小适中的电脑，我们把它同销售部的终端连接，将整个组织还有家庭联系在一起。

回顾往事，这无疑是我们采取的最佳决策之一。极为凑巧，卖给我们第一台电脑的是 IBM 公司的销售员斯科特·威拉德，后来他成立了自己的软件公司并常到我们店买衣服。我们用他卖给我们的电脑系统为他提供服务。这真是循环式的拥抱。

电脑硬件刚送到，我们就采取了下一步措施，安装了性能全面的"客户关系和销售点终端"软件。我们从 IBM 的一家子公司那里购买了软件，随后拉塞尔和托德同加利福尼亚的程序师萨拉·李一起修改，使其能够适应我们的特殊需求。

我们设计自己的系统，同时保持爸妈的传统，即"贴近顾客"的经营理念，以便能够服务于数以万计的顾客。

此外，这套系统能够将所有账目、销售情况、推销计划和销售数据紧密结合在一起。你不必在不同的电脑上寻找才能得到相关报告，这是其他软件系统都无法媲美的。

与众不同的是，我们始终控制着技术。市场销售的其他软件系统几乎都是由电脑公司设计，而非销售商自己设计。几乎所有公司都先买软件，然后再来适应。而我们却恰好相反。我们根据自身的原则和特点对软件系统进行修改。只有当技术完全适应于公司特点时，技术才能发挥出最佳效果。

技术必须便于使用。很多公司的电脑系统过于复杂，以至于高管根本不知道如何使用，甚至干脆连试都不想试。实际上，首席执行官不仅应该支持采用新技术，而且也应该能使用所有软件系统，这一点非常重要。因此，我们的系统设计得非常简便，甚至是我，这个连录像机都不太会用的爷爷辈老头都能搞明白。

安装一种适合自己企业的软件系统需要花很大的工夫，而且投资也挺大。不过只要开始运行，自然就能改善客户服务质量。我们有一位来自纽约的一家竞争对手的销售员，当他提出"跳槽"后，原来的老板试图劝其留下。这位销售员告诉他："他们那儿搞了许多新东西。他们装了电脑来记录顾客资料。"老板试图反驳，说他的商店也将采取一大堆令人震惊的新举措。

最后，这位销售员只好问道："最近你采取了什么新措施？"对方答道："哦，我们刚刚重新装修了商店，还铺了一块新地毯。"

当销售员和顾客都离你而去，投奔使用新技术的对手时，你可不能坐在那里束手无策，只知道在地上铺块新地毯。要记住，必须利用技术支持拥抱，并且加强同顾客的联系。

26 利用系统永久性记录详细的客户信息

1990 年，拉塞尔和我参加在加利福尼亚卡梅尔举行的一个零售商会议。我们读着库存报告，不时看表，希望早点开溜到圆石滩打高尔夫球。接下来的发言者谈的是如何成为非凡客服。他指着我们所在的小组说道："你们这些家伙对顾客的了解是否像对存货一样清楚呢？"我们愣了一下，然后老实答道："不是。"

我们俩恍然大悟！决定今后将以顾客为核心，重新设计整个系统。很明显，我们的企业需要这样的系统。

你们见到的大多数电脑系统都以库存为核心，如商店的库存量以及信贷和财务等问题。当然，这些都很重要。然而，在大多数情况下，这些系统都忽视了整个组织赖以生存的基础——客户。我们的系统同其他商店的最大不同，就在于我们知道每位顾客所买的全部货物，并且也非常了解顾客的情况。同样重要的是，我们还知道顾客没有买什么。如果我们注意到，有位顾客从我们店购买了许多衣服而没买过鞋，就意味着他从其他地方买鞋。我们就需要鼓励他打破这个习惯。

　　大多数公司在电脑系统中，都将顾客一栏排在所有商品信息之后。我们则将顾客信息排在最前面。这是一种思维习惯。我们所做的一切都是为了客户。

　　我在前面说过，我们的销售员在帮助顾客购衣时是如何搜集个人信息的。当我们把这些信息资料都整理入电脑系统之后，只要敲几下键盘调出某位顾客的相关资料，就能知道其住处及工作。还可以看到他们的配偶及孩子的名字，他们的生日和周年结婚纪念日，他们喜欢被称作女士还是太太。由于我们像对待家人一样对待顾客，所以还知道他们的绰号：伊丽莎白叫考奇，安东尼叫托尼，多萝茜叫多特，维克特叫维克，韦斯顿叫韦斯……当然，我们还知道他们的衣服尺码和喜欢的颜色。

　　除此之外，关于顾客所购货物以及购货时间的所有详细情况都会输入系统，随时都可调出查阅。我们可以看到他们不断变化的购物习惯，他们取回改好衣物所需的时间。我们还能说出当他们来取衣服时，是否还会再买些东西。

　　大多数零售商记不清本商店前 50 名顾客的详细情况，他们顶多只能做些合理的猜测，因为他们没有跟踪每一次销售，或者没有把相关的数据全部输入电脑系统。他们可以追踪自己的信用卡或家庭账目，但无法追踪顾客的万事达卡或美国运通卡，也不能追踪现金流向。

　　了解顾客们买什么或不买什么的原因十分重要。销售员只要敲一下键盘再输入密码，即可看到顾客的全部购物单。另一个单独页面则包括结婚、离婚、升职、搬迁、生子和宠物等。这些内容可帮助销售员了解顾客，从而进一步巩固拥抱关系。

许多人在听说我们的电脑系统后，向我提出的第一个问题是：你们如何搞到这些信息？答案非常简单，直接询问！正如我曾说过那样，我们培训员工在搜集顾客资料时，最重要的是如何有礼貌地提出问题以便建立顾客档案。当然，顾客必须身处气氛融洽的拥抱环境内才会信任你，知道你会利用这些信息更好地为他们服务。

为鼓励员工搜集这些资料，我们每天都会起草一份报告，列出每位员工搜集了多少顾客的资料。如果谁低于平均水平，就不得不"回炉"。由我或经理担任教练，告诉他们如何提高搜集顾客资料的能力。

一旦信息被输入电脑系统，就会永久保留下来。大多数公司每过一两年就会清理顾客信息，我们则会将其保留下来。顾客信息就像金子。实际上，比金子还宝贵。我们保留着米切尔服装店自 1989 年以来每位顾客的所有购物记录。理查德服装店保存顾客记录的时间则始于 1996 年 5 月，也就是我们收购该店半年之后。

现在，我们留存着五家店铺所有顾客的历史数据，就像我父亲经常说的那样："这太惊人了。"

当然，保护这些信息不被泄露非常重要。我们从未与任何人分享信息，而且与某些商店截然不同，我们也从不出售顾客名单以获取暴利，甚至想都不会想。顾客也绝对信任我们。

我们听说过许多同下面这位顾客相类似的故事："上周我在巴黎，有一小时空闲时间。于是，我去了一家高档时装店，试穿了半打漂亮衣服。每试一件，女店员都会不停地说，'亲爱的，你看上去真漂亮！'但我知道不管哪件都不适合我。我问自己，我在这里干什么？苏茜·伯里安了解我，她了解我的品位也知道我的身材。这不，我今天又回来了，买的三件新衣服我都很喜欢，我也喜欢她。"

27 如何使用你收集到的客户信息

所有商店都会搜集这样那样的数据。关键在于如何利用这些数据，以及如何加以落实。

每当我去杂货店，总会有茫然的感觉。他们似乎总是将货架换来换去，我觉得自己就像一头食腐兽，在草原上毫无目标地四处寻觅。还有，即使我写好了购物清单，仍会忘记购买某样东西。

想象一下，如果你走进一家超市，而这家超市像我们一样为顾客制作库存清单，包括香肠、牛奶、奶酪、燕麦片和鸡排等所有商品。在客户服务台，你可以将购物清单告诉服务员，他会把你想要的东西的位置打印出来。这样你会知道每件商品在哪一排、哪个货架、性能如何。

另外，通过查看你以前的购物记录，他们还可向你提出一些建议。比如，你一般每月买一次番茄酱，现在已经到一个月了。他们将提醒你，番茄酱可能快吃完了，也许需要再买一瓶。而且菠萝正在降价促销，他们知道你爱吃菠萝，于是打印的购物单上将标明这一点，你很可能就会买上几个。此刻，你是否意识到了什么？

这就是信息的作用。在顾客预约购物时间时，这些信息最为有用，因为你可以制订计划并做好准备。但是，顾客往往是不打招呼直接走进店里，销售员就得迅速将顾客名字输入电脑，调出相关资料，然后快速看上几眼，重新熟悉一下这位顾客喜欢什么、不喜欢什么。如果发现顾客喜欢卡布奇诺咖啡，便会给她来上一杯。如果看到顾客酷爱巧克力，便会给她来一大把。

销售员会记下顾客衣服的尺码和价位。如果发现顾客从不购买超过 750 美元的衣服，销售员一般不会向顾客展示 1 000 美元一件的衣服，除非她觉得顾客决心购买更贵的衣服。如果顾客进店后说自己刚刚由首席财务官助理提升为首席财务官，销售员会表示祝贺并建议，也许该去看看更高档的衣服了。

有些顾客希望自己在店里转悠，并且不喜欢与别人说话，这种情况也应纳入资料中。有些人喜欢送货上门，有些人希望我们电话通知，另外一些人则讨厌被打搅，捎带说一句，未得到顾客允许，我们绝不会直接打电话，我们总是先征求顾客的同意。

在发送邮件方面也是如此，我们甚至会在电脑里专门标明"不要寄信"。如果我们想提供卓越的个性化服务，就必须了解顾客的这些喜好。而且必须始终牢记，每位顾客都具有特殊性，都希望得到与众不同的服务。

我们的电脑系统使我们能够预测顾客需求。当店里不太忙的时候，效率高的销售员如理查德或乔，会经常浏览自己的数据库。

他注意到老顾客迈克喜欢米色艾堡德牌西装，而且商店刚好进了一件。他就会打电话给迈克，问他是否想到店里来看一眼。由于很多顾客工作都很忙，我们这么做能帮他们节约时间，这对我们的客户群而言也十分重要。

我们搜集了大量的数据，比大多数品牌商和制造商更清楚顾客的需求。实际上，品牌商依靠我们为他们预测行业潮流。我们能够更精确地针对特定顾客群订购服装，而不是简单地依照零售商的建议，因为后者往往并不符合需求。依靠这些数据，我们可以向顾客奉献无数个拥抱！

电脑系统的另一个作用是帮助我们了解社会潮流和群体行为。许多公司经常根据模糊的、零碎的证据猜测，结果只会产生误差。

我们常说："伤害你的往往是你不知道的东西。"所有人都告诉我们，女人"绝不会"忠诚，她们喜欢在5到10家商店分散购物。但是我们的研究结果表明，许多女顾客远比男顾客更为忠诚，并且正是同服装店和销售员的亲密关系造就了忠诚。这使我们深信，必须竭尽全力满足女顾客的需求。

我们的系统还可评价每位员工的表现，根据接待顾客的数量、平均销售额和退货率等各个方面。当然，有时我们也利用这类信息去衡量某位员工的工作绩效。但在多数情况下，只是借此帮助他提高工作水平。

显然，如果员工不了解这些内容，他就不清楚自己干得如何，因此我们会为员工提供一张表格，上面列明了各类关键数字。最重要的一点是，你拥有的顾客越多，他们来得越频繁，你的生意就会越好。

如果一位销售员每天接待 20 位顾客，平均销售额为 100 美元；而另一位销售员每天接待 10 位顾客，平均销售额为 1 000 美元。你就应对前者说："提高你的平均销售额。"对后者则应说："保持平均销售额，并争取接待更多顾客。"听上去很简单，但要做到则需时间。同时，还要同员工建立关系以获得信任，使他们相信你这样说不是责怪他们，而是为了让他们不断进步并提高销售额。

有这么一个例子，同我们的一位员工有关。她曾在梅西百货商店工作，在到米切尔服装店前，其实没有太多的零售从业经验。如同教练审视一名选手那样，我检查了她的所有统计数字，发现她的平均销售额比其他人都低。

我深入研究了一番，才弄明白她只是无法鼓起勇气向女顾客们推销 400 美元的便装上衣或 500 美元的裤子。她的想法是："谁会买那么贵的东西？"但是实际上许多顾客都会买。我对她说："你是想让她们从你这里买？还是希望她们从巴尼斯百货商店或伯格道夫百货商店买？只要深吸一口气，去尝试一下就行了。如果乔伊丝穿上很好看，而且你知道她买得起，就对她说，'买了吧，你看上去很漂亮。你不觉得很好吗？'"我们这位销售员真的这样做了。她变得越来越自信，销售额也直线上升。

技术还能让你体验一把做侦探的感觉。一位顾客向我们抱怨他丢了西装时，我们就采取了这样的措施。

正如我曾提到的，如有人在打烊后给服装店打电话，将被转接到比尔家。如果他不在家，电话将转接到托德家，然后依次转到安德鲁家。也就是说，无论何时顾客都可以找到米切尔家的人。

一个周日的晚上，有人打电话给服装店，转接到比尔家，刚好他出门去了，于是又转接到托德，后者接了电话。这位顾客住在华盛顿的一家酒店，第二天早上他要去白宫。当他从米切尔服装店的西装袋中取出衣服时却大吃一惊。他的西装尺码是 46 码，但旅行袋中的西装却是 38 码。

他开始回忆可能出现这种情况的原因。当他把米切尔西装袋放在飞机行李架时，曾注意到旁边还有一个完全一样的西装袋。显然，有人错拿了他的包，而他则拿了对方的包。

有办法找到他的西装吗？感谢 IBM 公司和拉塞尔·米切尔电脑系统。托德登录系统，进入我们的数据库。他找出了穿 38 码西装的顾客。瞧！只显示出一个名字。托德打了个电话，那人的妻子说道，是的，她丈夫也在华盛顿，并告诉托德那家酒店的名称。托德又打了个电话，安排两人互换旅行袋，事情的结果是所有人都兴高采烈！这真是一个巨大的拥抱！

的确，单靠奥利芙和她的那些纸片根本无法完成这一辉煌成就。

28 温暖的线上拥抱

对我们来说，近些年以来最大的、最激动人心的改变，就是我们通过使用互联网，不仅同现有的顾客保持了良性的连接和互动，还将千里之外的新顾客收入了囊中，尽管过程有点曲折。其实互联网和我们的企业不太搭，因为我们做的是深度个性化的服务，通过电脑或智能手机谈生意，缺少面对面的握手、微笑环节总会让人觉得不大放心。毕竟透过平板电脑给顾客倒杯咖啡实在是太难了。我们一直在尽可能地拉近与客户的距离，这个是字面意义上的距离。

以我们竞争对手的标准来看，我们对于"电子商务"的反应算是比较慢热的。但我们不这么认为，我们觉得自己的反应不早不晚刚刚好。我们一直用一种积极但审慎的方式观察者对手，看着他们在"电子商务"的道路上把我们甩在身后，然后跌了跟头。如果我们当时像他们那样，不顾一切地跳进网络商务时代的潮流之中，估计会损失一大笔钱，是真的很大一笔钱。

直到 2013 年的秋天，我们觉得"是时候了"，当时整个世界的秩序都变了，顾客开始转向网购，开启网络销售势在必行。

在很多，但不是大多数的事例中，网购都是一种独立、匿名，且冰冷的购物方式。而我们的想法，则是通过一种创新流行的方式去诠释实体店铺的核心营销哲学，也就是我们温暖的"拥抱"文化。为此我们成立了一个小组，由鲁塞尔和安德鲁，以及我们的分析总监贝丝主导。我们还雇用了一家一流的软件开发公司作为技术支持。

我们知道，数字世界一般都是以价格为中心，尽管在我们的店铺里并不是这样，也意识到与规模更大的竞争者相比，我们经营的种类不够多，对于某种商品的经营深度也远远不及。因此我们决定打造独特的数字环境来突出我们"客户服务"的优势。

这个数字环境是完全原创的，不仅符合我们想完全掌控技术系统的原则性要求，还完美嵌合了"拥抱顾客"的思路。除产品质量之外，我们还有一张制胜的底牌，那就是我们个性化的客户服务。

我们将顾客放在首位，致力于维护好销售员与顾客的关系。其实客户用什么方式购买并不是重点，重点是向客户展示完全符合他们对于型号、颜色和供应商预期的服装、珠宝和首饰。

我们的销售员可以访问顾客的资料库，来了解客户的生日、重要纪念日和其他私人数据，以此来不断强化"拥抱文化"的影响力。

我们坚信的是，顾客会尊重和相信他们的专属销售员，因为他们对顾客的了解远远超过顾客自己。所以虽然我们脚踏进了网络世界之中，但我们的双臂仍紧紧拥抱着顾客。

将这两者结合的关键是我们使用了"M-Pix"的电子商务邮件系统。

销售员可以借助这套系统为客户做出最佳的购物推荐，线上线下均可。某位顾客的特定销售员会非常熟悉顾客的穿衣偏好、生活方式、各种事件，以及他们的需求，销售员可以通过邮件给顾客发送一份精心挑选的"策划清单"，或在顾客寻找某件商品时，及时推送能够满足顾客需求的商品图片。

也就是说，我们将经营的成败押在了员工的身上，而不是网络技术上。我们向顾客输送的不只是商品，还有价值。我们依靠的不是什么算法函数，而是活生生的人对顾客做出的判断：我们的销售员知道你喜欢蓝色，无法忍受一丁点橘黄色；知道你会疯狂地爱上某一款短裙或衬衫；知道你在每个夏天都会买上一条卡其色短裤或长裤。M-Pix还可以在客户购物的时候为他们提供 360 度的上身展示，满足他们对于完美的追求。这套系统设计的初衷就是丰富客户的购物体验，更进一步了解服装的前世今生。

无论是 M-Pix 的设计还是网络销售，我们都尽可能体现"个性化"的特质。我们不想和这个行业的其他竞争者那样，机械地用打折和新品的消息轰炸顾客的邮箱。虽然有的企业能因此更近一步，但也会由于缺少顾客个人数据的支持，比如是否有过历史购买记录、客户的性别或年龄等，而闹出笑话。我就听过不少，比如男性顾客会收到短裙推荐，女性顾客收到与领带相关的邮件等。

更让人难以置信的是，这些邮件都标注着"不要回复"的字样，这就意味着在网络的另一端根本就没有销售员在等着回答客户的问题。从各种角度来看，这都是一场冰冷的、公事公办的营销罢了。

但我们可不是这样。通过 M-Pix 系统，顾客能随意调看五家店铺内的所有存货，包括在当地没有销售的品牌和商品。重要的是，我们始终让顾客确信总能通过一种方式联系到我们，或是他专属的销售员，或是任何一个能够解答他们问题的人。我们的目标是将互联网打造成一个有特色、有作用的销售渠道，和实体店铺以及销售员一起维护好顾客关系。

M-Pix 就是我们进军电子商务的方式。它的神奇之处就在于它结合了两种网络购物的方式：你可以像传统电子商务那样，在网上简单地购物，也可以在线联系你所信任的销售员，获得更加个性化的体验。这一切我们都交由客户自己选择。这套系统能让客户首先接触到他们所信任的销售员，其次才是我们的企业。和大多数企业不同，我们会将服务打造得尽可能"个性化"，比如，当顾客接收到邮件的时候，邮件另一端往往坐着一位真正的销售员，而非是冷冰冰的"米切尔家族服装店"。

我们在设计 M-Pix 系统的时候，虽然主要目的是服务现有的客户群，但也为吸收外地顾客做足了准备。我们希望通过一名销售员或客服人员，将各地的顾客联系到一起，不管他们是住在韦斯特波特、威奇托瀑布、旧金山还是波卡特洛。只要他们能连到互联网，且有购买服装的欲望，我们都能随时与他们取得联系。

我们威尔克斯·巴什福德店铺的顾客中，有 20% 以上的人居住在旧金山或帕洛阿尔托以外，如爱达荷州、得克萨斯州、马萨诸塞州或宾夕法尼亚州等。他们可以在销售员的帮助下在网上进行购物，而后我们会将商品用他们喜欢的方式包裹在漂亮的盒子中寄给他们。

销售员们都很喜欢我们进军互联网世界的做法，因为这样可以让他们和客户保持更紧密的联系。很多实体店铺都会专设一块互联网销售区，不过最终都会因一墙之隔而游离于实体销售之外。这意味着即便某位销售员的忠实客户在网上下单购买了某商品，销售员也一无所知。更重要的是，销售员一般靠佣金获得收入，若这种情况发生，可能他几年的经营都会付之东流。

我们笃信与客户紧密联系的力量，也确信这种新型的、个性化的网络销售能改进用户体验。它不仅引入了一种销售的新模式，还极大地提升了店铺的销售量。

我们一直认为，M-Pix 改变了销售的游戏规则。它完全映照出了我们的"拥抱"文化，让客户能与对其情况了如指掌的销售员直接对话，而不是面对着冰冷的机器喃喃自语。虽然机器能处理很多事务，但它们做不到"关怀"。总而言之，之所以我们将筹码全部押在了"拥抱"文化之上，是因为我们确信在服务方面，机器远远比不上活生生的人。

㉙ 高效库存管理：存货量应恰如其分

　　库存过多，意味着高成本，这可能会迅速毁掉你的公司。但在另一方面，如果库存量太少，则可能会有断货的风险，以致无法满足顾客的需求。如果有人想找件 4 码或 14 码的新衣服，但你却没有，那么无论客户服务多么出色，生意还是没法达成。更重要的是，你可能失去一位忠实顾客。正因为如此，电脑系统的重要功能之一，便是帮助我们对库存进行高效的管理。

　　我永远不会忘记那位女士，当她得知我是理查德服装店的店主时，非要告诉我下面这个故事。

　　这位女士曾在我们的一个竞争对手那里买衣服，准备参加一个女孩的成人礼。她说："你能看出来我上衣是 12 码，下身可能要大些。"我看出来她至少要穿 16 码的衣服。她接着说，"没人走过来试图帮助我，于是我径直走向一位销售员，并且说，'为什么你们店的衣服里没有我穿的尺码？我只能找到 2 码、4 码和几件 6 码的。'"

　　这位销售员告诉她："坦率地讲，夫人，我们这儿的衣服你根本穿不了。"他们不但不提供服务，而且还侮辱了这位顾客。

于是我告诉她："我们喜欢实实在在的人，我们并不在乎她们的身材。"我把她介绍给理查德服装店的贝琳达，贝琳达为她找到了最合适的服装，而西尔维娅则将衣服改得像量身定做的一样。我们的顾客离开时，笑得合不拢嘴。

我们能够做到这一点，是因为我们生成的用户报告能使我们精确地管理库存、减少损耗、迅速对市场潮流做出反应并更加有效地予以执行。我们的库存无论何时出了问题，电脑系统总是能够使我们迅速做出正确判断。这在经济衰退时期确实非常重要。

我们必须抛弃过时的心态，即"采购得越多卖得越多"，转而采取时下流行的库存哲学，那就是"在适当的时候拥有适当的商品，且价钱合理"。我们能够得到按品牌、衣服类别、尺码和体形分类的库存报告，还能得到周转率、成本加价率和毛利率等数据。所有这些报告，如同关于顾客的报告一样，可以随时提供给采购员或任何对此感兴趣的员工。

我们想知道新顾客在一年内的回头率是多少，也想知道新顾客为何没再来购物，是因为我们没有足够的尺码供他们选择，还是其他什么原因。我们的策略之一，就是努力重新调动顾客。

瓦尔贝拉餐厅位于格林尼治，是我非常喜欢的一家餐厅。他们一直注意跟踪重要顾客喜欢的葡萄酒品牌，努力确保顾客何时前来就餐，酒窖里一直都有足够的葡萄酒。

有时候你自己都不知道这些信息会有怎样的作用。苏珊娜是我们

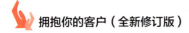

的老顾客，有一天她极其狼狈地到店里来。"感谢上苍没人受伤，"她说道，"我们的房子烧光了，我丈夫和我的全部衣服都烧没了，只剩下我们身上穿的。"

我们深表同情，并立即着手解决她最迫切的需要。我们走到电脑前，敲了几下键盘，马上列出他们以前买过的东西。这张单子对她提出保险索赔是无价之宝，也使我们能帮他们重新装备衣橱。这是一个真正的拥抱。事后我们听说，连保险公司都赞叹不已。

恰当的技术，意味着恰当的库存。

30 攀登金字塔：20% 的客户决定 80% 的业绩

我们的销售员业绩都十分超卓。有 30 位销售员年销售额达到 100 万美元，有 5 位超过 200 万美元，而超级女销售员菲莉丝·贝尔绍的年销售额超过了 300 万美元。百万美元业绩在服装行业可是了不起的数额，甚至不久之前还被认为是难以企及的目标。我们却十分"大胆"地期待新销售员在工作头一年就实现这一目标。

其实每个人都能够做到，前提是在顾客刚进店时便同他们建立起关系。几乎每位销售员都能讲述类似的故事：一个穿得皱皱巴巴的家伙，走进店里要买蝴蝶结，但在离开时却买走了几千美元的衣物。

我们可以采取任何想象得到的措施，为所有走进店里的顾客提供服务，即使他每年只花 50 美元买袜子。你如果真想推动公司发展，就必须对顾客无微不至。

有一句经典的商业格言：20% 的顾客决定 80% 的业绩。这对我们来说也完全适用。如果把整个客户群当作一座金字塔，其顶端便代表着那些影响着我们 80% 业绩的那 20% 的客户，而余下的 80% 的客户构成了金字塔的底部。我们要求销售员利用我们的电脑系统，多关注金字塔的顶端，同时注意不要忽略金字塔的基础。

我们认为必须深入挖掘，更多地了解金字塔顶端的顾客。同时还要制定标准，以便将其分类。你可以根据不同情况，为你的公司制定相应的标准。

比如说，一年内，购物满 5 000 美元的顾客，即可划入顶级客户的行列。其中，有些人可能会消费数万美元之多。在公司内部，我们将这种客户称为"委托人"。我们为每个"委托人"指定专人负责，要求销售员对所负责的客户了如指掌，需要时能立即找出相关重要资料。

我们提出了一个简单而有效的公式：客户 + 关系 + 标准 = 委托人。当然，所有公司都有各自的标准，但只要你发现一名客户的需求，很可能就会发现一位能带来数万业绩的"委托人"。

销售员得到的月度报告可显示各自客户的情况，他们可借此研究客户的购物模式，看他们买了些什么、没买什么以及在本店购物的频率。他们如果需要了解客户的最新信息，那么完全可以在家中通过电脑或平板的屏幕任意点选。我们希望员工能够满足各自客户的需求，拥抱他们，甚至超越其期望。

我们的一位员工布鲁斯便是很有意思的案例。他曾是位纯粹的、只求达成交易的销售员，花了好长一段时间他才弄明白上述道理。他常会在某个周六接待 24 至 30 位顾客。当顾客只是买件泳衣、内衣或一双袜子时，他便会手脚麻利地迅速把他们打发走。

我们告诉他，最好多花几分钟，深入了解每一位顾客。这意味着

138

只能接待较少的顾客，但却可以和一些顾客建立亲密关系。他照此方法去做，销售额也迅速上升，最终使许多小顾客都成了大客户。

实际上，员工们是在我们的业务框架内经营着自己的小业务。丽塔·罗曼便是典型的例子。她拥有 231 位核心客户。她对顾客夫妻双方的状况（通常情况下顾客夫妻双方都是她的客户）往往了如指掌，同时还包括顾客的孩子、宠物、工作和旅行计划。所以当电脑故障或打印机没纸时，我们都会立即知道，因为丽塔马上会嚷嚷自己无法得到报告，影响她为顾客提供服务。

许多公司对顶级顾客呵护有加，却完全漠视普通客户。对于购物较少的顾客，其态度几乎可以说是粗鲁。我们却永远都没有忘记金字塔的基础。他们都是实实在在的好顾客。无论他们什么时候到店里，我们都会拥抱每一位顾客。毕竟，如果失去了金字塔的基础，销售量的基础也将坍塌。哪怕你的销售额只下跌了 20%，但 80% 的顾客都将流失，谁希望看到这种局面？

此外，扩大金字塔顶端最好的办法就是从下层顾客中发掘。许多人开始都会同时在几个商店购物，直到他们找到最满意的商店为止；他们可能在任何一家商店都不会花太多的钱，直到发现真正能够提供优质服务的商店，然后才会去那里购买全部所需商品。

因此，我们时刻牢记的宗旨就是，永远不要忘记普通顾客。

当我们的员工走上销售岗位的那一刻起就被告知，所有的顾客都是平等的。最近，我同一些朋友乘飞机去了趟伦敦，搭乘的是经济舱。除非里程累积能免费升舱，否则我出行一般都坐经济舱。

一般情况下，经济舱的服务都还不错，或者说还可以接受。但是有一次，身处"顾客金字塔"的底层——波音 777 的经济舱里，我真切地感觉到自己属于那 80% 顾客中的一员。我受到的待遇不比偷渡者强多少。我环顾周围的男男女女，他们受到的待遇同样很差。空姐对我们几乎不予理睬。只有一名空姐微笑着，但似乎是在取笑我们。食物难以下咽。根本没有伸腿的空间。

有一次，机身上下颠簸，我的膝盖被重重撞了一下，空姐不仅没有表示歉意，甚至连问都没问一下。也许我坐行李舱都比这儿强。

任何人都不应受到这种对待。对我们而言，虽然有些顾客购买的东西不多，但是他们会坚持到店里来。他们是非常忠实的顾客，我们感谢他们。他们应有坐商务舱或头等舱的感觉，而不是经济舱。

我们依靠电脑系统，跟踪他们的情况，深入地了解他们，并向他们传递着装方面的知识，于是他们也开始花更多的钱。几乎每个周六，都会有顾客走到我面前说类似的话："我可不是世界上最阔的顾客，但是那位年轻人，克里斯，仍然花了那么多时间和精力，尽力帮我挑选最好的领带，供我的丈夫参加高中同学聚会时佩戴。"这些顾客深受感动，以致非要跑来告诉我说他们被我们的服务彻底征服了。我很喜欢这样的感觉！

最近，我们在电脑上增加了一个新客户分类即"宣传员"。确定宣传员的标准同消费金额无关，他们往往是常来我们店购物的人，并且经常说我们好话，向朋友和同事推荐本店或某位销售员。这些顾客往往会被许多商店忽视，因为他们的购物额可能并不高，无法被列入重要客户类。实际上，他们的宣传是最珍贵的"意外收获"，我们发现这对商店发展至关重要。我爸爸常对我说："杰克，口碑就是最好的广告。"

"宣传员"极其重要，因为他们不仅自己在商店购物，而且还会带来更多的顾客。如果苹果、谷歌或必能宝的某个员工对同事们说，米切尔服装店的玛丽莲或鲍勃，理查德服装店的阿琳或艾米极其幽默；或者阿瑟对其邻居说，米切尔服装店的客户服务水平天下无双。这些人也会因此而感受到拥抱文化，并将此事传扬开来。

在"客户金字塔"中，总是存在一种特殊类型：就是所谓的"棘手顾客"。我们不用回避这个问题，实际上所有行业都会遇到难伺候的顾客。有些人会叫油漆匠将起居室连漆三遍，直到色调完全符合自己的特殊要求方才满意。有些人试驾 30 辆汽车，但最后却选中了头一辆。大多数公司会请这些人"另寻高明"，到别处去买东西。所以结果是，他们自己把顾客赶跑了。

但是我却喜欢挑剔的顾客。因为一旦你将他们争取过来，他们便会成为永远忠实于你的顾客。不过，有些顾客确实做得太过分了。在三十多年里，我记得自己只赶走过三位顾客。他们态度蛮横，要求根本无法满足，甚至对我们恶言相向。无论衣服改得多么完美，他们仍然会吹毛求疵。出现这种情况时，只有一种解决办法：礼貌地告诉他们，到别家商店去吧。

31 高度个性化的"一对一营销"

我们的技术与我们现行的营销策略紧密相连。"酷""新潮""有趣"和"哇"这些词，似乎总是同华而不实的广告联系在一起。然而，大多数顾客只想知道，他们为何要从你这里买东西。你们公司的与众不同之处，对他们而言才是最重要的东西。市场营销必须了解顾客，市场营销必须拥抱。

我们称自己的市场营销模式为"关系营销"或"一对一营销"，它是一种高度个性化的营销。衡量营销策略的一个重要标准就是，必须能够进一步加强拥抱关系。大多数人依赖于一小批可以信赖的朋友和同事。所以如果能使某人成为店里的忠实"粉丝"就意味着你将获得大批新顾客。

同时我们也用传统方法进行市场营销，例如在报纸、杂志上刊登广告。我们向本地美容院、温泉和餐馆赠送漂亮的木质衣架，上面烫着我们的店名。顾客挂外套时看到店名，可能就会来一趟。我们每季度都会免费派发"宣传画报"，插在周日版《纽约时报》中的韦斯特切斯特县和康涅狄格州版中，这些图片都是在安圭拉岛和托斯卡纳等地拍摄的。

此外，我们还出版《论坛》杂志。这是我们自己出版的男装杂志，既有鲍勃·米切尔关于近期时装潮流的预测，也有关于乘直升机去高山滑雪和购买私人小岛的介绍。销售员和顾客也会在杂志中出境。我们还制作了一个关于珠宝行情的别册，以供全体顾客阅读。

我们认为不必建立庞大的、等级制的市场营销部门来处理这些事务。我的儿子安德鲁和他的团队负责全部事宜，不过，也需要一个创新服务机构帮上一点小忙。我们每季度都会策划数百次迎夏活动，发出数以万计的邮件，但只需要极少量营销人员负责，当然，他们也会得到 300 余名同事的协助。在我们看来，真正的市场营销工作是由优秀的销售员来完成的。他们是真正的市场营销部，吸引顾客到本店购物，长久如此并乐此不疲。

市场营销必须"自下而上"地进行，而非"自上而下"地进行。我多次对我们的优秀销售员说："这是在你们身上进行投资。"我们宁愿多发薪水，也不愿花更多的钱在《韦斯特波特新闻》或《纽约时报》刊登广告。传统上，大多数零售商店的营销开支，相当于销售总额的 3% 至 5%。多年之前，我们也是这样做的。后来，我们明白可以少花钱，转而把更多的钱花在优秀销售员身上。这将给每个人都带来巨大利益。

在 1990 年到 1991 年的经济衰退期间，以及 2008 年国际金融危机期间，都有员工走进我的办公室，声称我们需要做更多的广告。但我却答道："我觉得你们多给顾客打电话或发电子邮件才是更好的办法。"

真正令我们引以为豪的，是以电脑系统为基础，由销售员实施的、具有高度针对性的市场营销。我们从不搞群发邮件这一类的事情，营销工作都以个性化方式针对不同顾客实施。

例如，不久前，我们利用电脑制作了一张清单，列出了两年内没有前来购物以及从未购买过单价900美元以上西装的顾客姓名。单子上共有3 000人，我们直接向他们发邮件，邀其参加特别促销会。结果非常理想。在3 000名顾客中，共有438人前来购物，销售额高达31.3万美元，由此可见发邮件取得了良好效果。

我们还根据顾客对制造商的偏好，有的放矢地发送信件，通知他们其喜欢的制造商何时会在店内进行新品展示。我们甚至会查看居住在不同街区的客户的购物情况。如果某条街道的住户购买了大量衣物，我们会格外关注这个地方的顾客。如果住在维恩街62号的人家没有从本店购买过任何衣物，那户人家便会成为重点发展对象。

我们的焦点一般会集中在现有顾客身上，让他们一次一次又一次的前来光顾，直至变成黏性客户。当然我们也需要一些新鲜血液，我们将他们称为首次造访的顾客（First time client，FTC）。不久之前，我们还为此设计了一个方案：想方设法地获取新顾客的名字和地址，随后向其发送一封措辞友善的信件，诚恳地邀请他们到店。销售员也会格外留意首次来访的顾客，然后各显神通，让他们感到宾至如归。

由于我们跟踪每位顾客购物过程中的每个细节，因此能使商店的经营更适应其需求。当采购员进行采购时，便可专门针对丹或汤姆的需求购买商品。有时，他们还会针对某位顾客制订采购计划，不过一般情况下总是全面考虑不同类型、不同情况的顾客。

当他们看到新款式、新颜色或新布料时，他们会问自己："谁会买这个？是拉里还是保罗？"他们这么思考也这么行动，因为他们认识拉里也记得保罗，了解其品位、情况、工作和爱好。这都是由于他们密切接触顾客，并曾亲自销售。他们研究打印出来报告，但他们做得比报告上所显示的更全面、更好。

最近，我们在理查德服装店女装部引入了阿玛尼黑标（Armani Black Label），这是令我们非常兴奋的一个新品牌。琳达估计需要准备足够两个季度卖的存货，但她不知道这个牌子的号码是否准确。要知道，不同品牌的 8 码大小可能会完全不同。

关键时刻，我们的电脑系统再次帮了大忙。我们先购买少量的服装，热情的销售员把这些衣服拿到试衣室给顾客试穿。当晚，在出发去米兰采购下一季的女装前，琳达便可以看到详细的销售报告。此外，还有理查德服装店女装部前 50 名顾客的名单及服装尺码。电脑技术再加上热情洋溢、善于拥抱的员工所提供的小小帮助，使琳达在为格林尼治的顾客订购阿玛尼女装时获得了极为有利的条件。

当你将电脑系统同员工的专业知识结合时，你就掌握了能够巩固客户关系的"一对一"市场营销术。

32 巩固关系：为客户写封个性化的信

市场营销意味着同客户保持接触，而不是被动地等着客户上门。我们很重视给客户写信，写许许多多的信，而技术可以帮助我们确保这些信函始终保持个性化。

我早上醒来时，会把前一天 2 000 美元以上的销售记录打印出来。一般我读着读着就会面露微笑。这是我最喜欢读的报告，它会显示出顾客所有的简要信息，以及哪位销售员向他们卖出了什么。我喜欢了解这些销售情况，因为它们至关重要。

我还想对销售员和顾客表示谢意，通常我会打开电脑，联系我的得力助手帕梅拉·迈尔斯，给顾客起草一封感谢信，我还会向做成大笔买卖的销售员表示祝贺。

同时，销售员也常会向客户寄出他们自己的个性化信函或电子邮件，可能是张生日卡或周年贺卡，也可能只是一句简单的问候。我们寄出的是名副其实的个性化信函，因为里面的细节只有通过电脑系统才能查到。甚至连电脑自动生成的信件，也具有一种真实而积极的风格。如果有手写的个人批注和签名，效果会更好。每封信都具备个性，这就是我们的目标。

通过仔细查阅电脑，寻找顾客最近来店购物的信息，并以此为基础起草信函，使它们读上去很符合每个客户的个人情况。电脑系统还有一个好处，就是可以跟踪和监控发出的信函，以免重复发信或滥发。

我们一般都亲笔书写信封上的地址，或使用一种精致的信封打印机，并贴上一张真正的邮票，而非打上"邮资已付"的标签。这种做法显得更为亲切，同时可防止信件被顾客随手扔掉。因为如果收到手写地址并贴上邮票的信件，收信人撕开信封时就会说："哇，他们还记得我的生日。"而且我们的销售员都亲笔书写生日贺卡。

一般来说，人们不希望收到太多的信函，因为各种各样的广告已经够多了。但我们发现，如果是个性化的，而且直接针对某位顾客，他们还是很乐意看的。我们发出去成千上万的信中，可能只有两三人表示："够了!"以我最近发出的一封信为例。

亲爱的桑尼：

非常感谢你周六光临理查德服装店，并从理查德·莱德劳那里购买了衣服。我希望你会喜欢你购买的希基·弗里曼晚礼服和康纳利牌运动服。

感谢你在此购物，更重要的是，感谢你对我们的信任。

我们十分珍视与你的友谊。

杰克

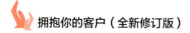
这里还有一封，是给首次来店的顾客的。

亲爱的朱迪：

非常感谢你周四到我店购物。

我真诚地希望你对这次的购物体验感到满意和愉快。我希望米歇尔·罗马诺的专业服务能够满足你的期望。同时米歇尔也期望能够继续为你服务。欢迎你再次光临。

有事随时可以给我打电话。对我而言，没有什么事比让你和你的家人在我们商店购物时感到满意更重要。这也是米切尔时装店的使命。

杰克

请注意，每封信确实都有相似之处，但最重要的一点是，个性细节和信息使每封信都与众不同。只有通过电脑，才能捕捉到这些细节，例如具体的购物发生的时间、提供服务的销售员。而这些超出预期的信函都由首席执行官或者总裁亲笔签名并写上"谢谢你"。

当我们将技术和营销策略搭配使用时，销售员才能真正地"如虎添翼"。热情的客户关系才是关键，当顾客和你成为朋友之后呢？销售量便会开始疯长！

我们同顾客保持接触的最新办法是"新货上市"。在韦斯特波特的服装店，我们专门设了一间房间用来给新衣服拍照，然后再储存在电脑里。比如说米索尼牌新品到货，我们便为这些衣服拍照，然后在电脑上搜索，查出购买米索尼牌最多的前 50 名顾客，然后发出这些图片，通知他们最新款已经到货，可以来店试穿。我们还会把参加"新品展示会"时拍的照片发给无法来店参观展示会的顾客。

此外，当然还有其他措施。比如，一位女士对一件珠宝爱不释手。销售员将此事通知市场营销人员，然后给珠宝拍照，并将照片发给那位女士的丈夫。我们告诉他："你妻子有一天到店里来看到了这个手镯，她看起来非常喜欢。圣诞节（也可以是她的生日或结婚纪念日）快到了，你可以考虑用这个手镯作为礼物。"

这位顾客可能会非常感谢，因为两周以来，他一直发愁该为妻子买什么礼物。过去无论他买什么，她都不喜欢。现在，他终于发现了一件十拿九稳的礼物。他只要回个话，我们就会将首饰包装得漂漂亮亮寄出去。他甚至用不着离开书桌，花不到 5 秒就完成了一次购物。

将电脑系统和市场营销完美地结合起来，你不但可以使顾客高兴，还会带来额外的收益。

HUG YOUR CUSTOMERS
拥 抱 指 南

让电脑系统适应人的工作而不是让人去适应电脑系统

电脑系统是任何伟大的公司的脊梁，应被设计成了解顾客及其需求的得力工具。但却有很多公司不得不改变自己，以适应"系统所要求的工作方式"。其实不如稍微多花一点钱，搞一套适合自己的系统，便于使用，且人人都能掌握，包括首席执行官在内的所有人都应支持这套系统，并且能够纯熟运用。

将客户栏放在最上面

大多数系统都将注意力集中于库存或财务问题，但却经常忽视客户；为了能更有效地进行销售，你的系统必须将顾客栏放在商品栏之前，以便知道顾客购买的所有商品，了解顾客的具体情况。但是，这些顾客资料神圣不可侵犯，绝对不能与人共享，更不能对外出售，否则将损害与客户关系的基础——诚信。

分析数据

大多数公司搜集数据，但却不知道如何使用。数据可以用来预测需求，并跟踪整个销售过程。

温暖的线上拥抱

网络也不完全意味着冷漠和匿名，网页的背后也有人类在运营。网络销售映照出的拥抱文化和实体店并没有什么差别。

系统可以帮你控制库存量

没有人愿意库存过多或过少。系统可以帮你把库存控制在一个适当的数字。

攀登金字塔

你必须高度关注那些大客户，但同时也不要忘记普通顾客。

一对一营销

系统使你能够进行个性化营销，完成真正的"一对一营销"或"关系营销"。这些营销活动都有利于与客户关系的巩固和发展。

给顾客写信

为巩固关系，利用你的电脑系统，给顾客写封个性化信件吧。

拥 抱 你 的 客 户

———

HUG
YOUR CUSTOMERS

HUG
YOUR CUSTOMERS

第5章

销售是一场
要决出胜负的比赛

比赛就是为了赢

———

销售就是一场要决出胜负的比赛，

为了赢得胜利，

比赛前必须做好准备，制订详细计划，

进行充足训练并调动起全员的激情与欲望。

这样，你才能在商场和赛场上无往而不胜。

33 如何发挥拥抱潜力：下定决心争取胜利

我经常听到商界人士泛泛地谈论如何“把生意做好”或怎样“把事情搞定”。在当今世界，这种没有明确目标的做法已经无法解决任何问题。要想取得成功并且充分发挥你的拥抱潜力，必须下定决心去争取胜利。

几年前的一个清晨，我同儿子鲍勃打网球时，突然明白自己为何喜欢零售业这一行。每一天，无论是闲暇还是忙碌，我们不是输就是赢，要么超额完成任务，要么未能实现目标。

在高中时，我很自豪能够当选篮球、橄榄球和棒球队的队长。那时我就喜欢鼓动队友，领头高喊口号，率领他们兴奋地投入比赛，竭尽全力争取胜利。

每场比赛前，无论对手多么强大，我总是憧憬着胜利。当然，我明白不可能百战百胜，于是我很早便学会了如何体面而自尊地接受失败，也就是人们常说的“绅士的比赛”。但是，我总是全力争取胜利，我喜欢赢。

我的内心深处总有一种争取胜利的冲动,并且在读过蒂姆·盖尔卫写的《网球的内在规律》后,我受到了启发。蒂姆列出了三种生活目标:享受型目标、学习型目标和自我实现型目标。同鲍勃打网球那天早晨,我脑子里"咯噔"一下突然明白过来,之所以自己热爱零售业,是因为这三种目标在同时起作用:

1. 享受型目标——我喜欢工作和拥抱顾客;

2. 学习型目标——去商店就像去学校,因为我会不断想新的点子以提高业绩,这也是一个学习的过程;

3. 自我实现型目标——不断记录和计算销售成绩以及和你的目标相对比,这有助于衡量你的所得。在这过程中,有时会赢,有时会输。

如果三个目标都以积极协调的方式相互作用,你就能够经常赢得比赛。即使输了也虽败犹荣,因为你从中享受了乐趣,学到了知识,获得了进步。这有助于你赢得下一场比赛。

拥抱者如果有了这样的竞争态度,就能够将它的全部潜能发挥出来。我们发现要具备这种心态,最佳途径就是将做生意想象成打比赛。

我认为,任何具备超群能力的专业人士,无论是经理助理、人寿保险推销员、河道导航员、出租车司机还是杂志出版商,只要能遵循体育比赛的规则,将工作想象成一场比赛,就一定能够从中获得乐趣和知识。当然，仍旧存在比分高低的问题，但最终一定会分出胜负。

我经常会对商业界同体育界的相似之处竟如此之多感到震惊。一名队长就像首席执行官，必须了解队员的基本情况，熟悉其强点、弱点和关注点。无论是在商业还是体育领域，都要撰写绩效报告，并且都会遇到关键性的比赛。

例如，在橄榄球赛中，你要集中注意力，确保能够抱着球稳步推进，而这正是我们在服装店的做法。小规模进攻，例如前进七码[①]或者发动首次进攻就像卖出了一套西服或一件女装；大规模进攻，例如长途奔袭直冲底线，就像卖出了三套西装、一件运动服和十件衬衫。此外，还有额外的点球，就像顾客突然心血来潮，又买了几条领带、两双鞋子和一条搭配的皮带。

当你按照体育比赛的模式思考时，就能理解所有行业都有其"关键赛事"，即可能决定你全年成败的某天、某月或某季度的工作。你必须在这些重要比赛和总决赛中付出额外的努力。

我们的生意约有半数发生在周六，所以周六被称为"比赛日"。那天，我们必须发挥最佳水平，打出最精彩的比赛。此外，我们还会将 12 月的几个周六视作"决赛"，而将圣诞节或光明节前的那个周六视作"超级碗"（Super Bowl，美国国家美式足球联盟 NFL 的年度冠军赛），因为人们会成群结队地赶在最后一刻采购礼物。

比赛日是对拥抱者工作效率的最终检验。我曾听说的对"企业家"最精确的定义是：一位企业家喜欢说"把球传给我"，那么他就是那

[①]英美制的一种长度单位，1 码 = 0.914 4 米。——编者注

种希望在重大比赛中站在罚球线上完成最后一脚射门的家伙。最好的拥抱组织是由企业家组成，而且所有人都希望在比赛日完成最后一脚射门。因为，他们浑身上下都充满想要赢得比赛的激情。

34 计划＋准备＋训练＝利润

如果你希望赢得比赛，就必须关注三个方面，即计划、准备和训练（Plan, Prepare, Practice），这些将给你带来巨额利润。也就是我所说的3P。

所谓"计划"，是指你需要在头脑中储备一定数量的基础知识。

所谓"准备"，是指你需要一套系统的、可靠的资料，类似训练手册一类的东西。

所谓"训练"，是指要在大赛开始之前就对每个战术熟练应用。

这3P涉及经营的每个层次。但对于管理工作而言，有五类商业信息必须牢记，以便为每日比赛做计划。

所有员工的姓名

对于重要员工，甚至应尝试记住其配偶、子女的名字。当然，在大公司里很难记住全部员工的名字，但记住250个左右似乎并非难事。

许多人会说："哦，算了吧，未免太多了。"

但你知道吗，14 亿多中国人在 6 岁之前便需记住 214 个偏旁部首，以便学习汉语字典中的生字。所以说，你的大脑具备这种能力，只要你有愿望和激情。

前 100 名顾客的姓名

我们认为，应该记住前 100 名，甚至前 500 名顾客的姓名。记住前 1 000 名顾客的姓名就确实有些夸张了，但如果不知道前 100 名顾客的姓名，那几乎就是犯罪。

在不少公司里，有许多高管甚至根本不认识顾客。他们往往认为："这不是我的工作或责任，我是主管财务工作的。销售员应当熟悉顾客，但我没这个责任。"但是，拥抱文化必须自上而下地进行建设。首席执行官的第一要务，是确保所有人都拥抱，确保所有顾客感到快乐。而要了解顾客是否快乐，首先需要了解你的员工、你的团队、你的销售员的基本情况，他们是你的"内部顾客"。

每日、每月和每年的最高销售纪录

你应当牢记近三年来的重要数据，清楚今后两年的工作规划。此外，你还需要能够随时了解详细报告。如果你不清楚具体数字，如何能够知道现在干得怎么样？

当月、当年、前两年及未来两年的毛利率

采购员应当知道这些数据并且牢记在心。

税前利润

你必须清楚过去几年和未来几年的相关数据。显然，如果知道税前利润率以及毛利润，你就能迅速对总的开支做出评估。

我们往往会惊奇地发现，只有极少数公司领导明白这些浅显的道理。这实际相当于橄榄球比赛刚刚开始，便落后于对手一两个触地得分。

至于准备这一环节，我们撰写了"训练手册"。星期一早晨，每位销售员都会拿到自己本周的专用手册。目的是使他们获得所有必要数据，以便为本周特别是"比赛日"的工作做好准备，同时也便于管理部门进行沟通。

"训练"使销售员能够看到同"比赛"相关的所有报告，同时还可以从中得到乐趣（这是第一个目标）；更多地了解客户，并寻找新办法以推动销售并巩固关系（这是第二个目标）；同时，在今后进一步改善工作，销售更多的商品（这是第三个目标）。

"训练手册"可分为两部分。第一部分是一系列核心报告；第二部分包括一系列时效性很强的单子，例如活动通知单等。

核心报告包括以下内容：

信件。至少有一封是来自管理部门或我本人的信件。我常常会表扬上周发生的一些关于拥抱顾客的故事，或者预测本周将会出现的一些机会。有时候，我甚至会引用自己收到的顾客来信上的内容，或是店里收到的顾客对卓越服务表示感谢的信件内容。对我而言，这是个拥抱全体员工的机会。此外，这些信件勾画出了本周工作重点，并可形成制度化的沟通渠道，以便及时报告销售竞赛结果，并公布重大事件。

销售员工作安排。显示员工的正常轮休以及未来哪一天不必来上班。这可以帮助管理部门做好准备，因为在比赛日需要最好的队员上场。员工们当然会出差，会休假（你必须让"超级明星们"休息以便"重新充电"），会得病。因此你需要有后备人员，或临时揪来击球手，以便进行比赛。

日程表。列出服装店所有即将发生的事件。如果前面标有"新"字，即意味着是在过去两周内刚增加或改动过的。

附有目标的销售员报告。列出销售员在本周、本月和本年度的全部销售记录。

客户报告。列出上周六的所有客户及其行动。注意，我们内部对客户的定义是：在前三年中任何一年购物超过 5 000 美元的顾客。

潜在客户。列出在过去 12 个月里购买额不少于 2 000 美元的所有顾客。他们虽未达到"客户级"，但销售员只要对他们衣橱的其余部分再略加关注，就有可能使其升级为"客户"。因为可能他们在我们店只买了商务套装，而在另一家服装店购买休闲装。

预订改衣服。列出本周所有改衣服的安排。我们的想法是，把来

161

取改好的衣服看成是一种约会，其原则是充分利用一切可利用的机会。最好是预先制订计划，当顾客前来试衣时，销售员只需再略做准备即可。许多时候，销售员还可借机推销头巾、鞋子等，将顾客装备齐全。

特别订货。可显示特别订货情况，包括"已经到货""尚未到货""尚未卖出"及"尚未取货"等类别。

满意度报告。包括近两三周所有已从裁缝部取走的服装清单。销售员应给所有相关顾客打电话，以确保他们对购物过程和衣服改动都极为满意。要注意的是，给首次前来购物的顾客打电话极其重要。

客户情况及下一步行动。这部分内容至关重要，列出了针对顾客应采取的下一步行动。例如，销售员可能会答应某位顾客，秋季举行杰尼亚新品展示会时他将打电话通知对方。或者，某位客户的生日或结婚纪念日即将到来，销售员准备发送贺卡或送去鲜花。销售员可以将此类情况都输入电脑系统。电脑系统便会自动将下一步行动在预定日期前两周打印出来，并持续到预定日期过后四周。

我们的"训练手册"是根据自己的特殊需求而设计的。不过，只要做些许改动，你也能够将其应用于任何类型的生意当中，无论是财务公司、保健公司还是卖水果罐头的公司。

我总觉得，航空业特别需要这样一个"剧本"。我们可以想象一下，如果机长为每次飞行都准备一个"训练手册"，空姐就可以了解乘客的姓名，知道他们喜爱的饮料是咖啡、茶、汽水还是甜味马提尼酒，再加上一个真诚的微笑，并就乘客的光临表示诚挚感谢。

我们可以想象一下，如果空姐连问都不用问，便为你安排了一个靠前面的座位，以便使你转机时能节省时间，你的感觉怎样？我们可以想象一下，如果你常去的录像店也有自己的"训练手册"并且知道你喜欢动作片，当《虎胆龙威7》刚到货后便打电话通知你，顾客无疑会感到非常舒心。

除了计划和准备，你还必须进行训练。你必须进行严格训练，而非高兴时练，不高兴就不练。优秀销售员会在晚上花时间训练，或在清晨开店之前温习"训练手册"，甚至对着镜子练习如何与顾客接触。

我们还会在店里举行比赛，一般是在上班前或下班后。具体办法是，销售员分成五人或六人一组。每个小组都会收到一张说明卡片，上面写着不同顾客的情况，比如说："投资银行家，45 岁，经常出差，喜欢双排扣细条纹西装。希望购买两套新西装和一套高尔夫球衣供外出穿着，尺码是标准 43 码。"

每个小组有 7 分钟时间来做准备和寻找合适的服装。我们用秒表来记录他们所花的时间。随后每个小组都要挑选出一个成员，在所有人面前"销售"他们所选择的衣服。各小组表演完成后，所有人都会投票，评选出在挑选和销售方面表现最好的小组。获胜小组的成员，每人将获得 20 美元奖金。

在开始销售应季新装前，我们特别喜欢举行此类训练比赛，因为这种训练可以帮助销售员熟悉新货品。

这个计划、准备和训练的过程，是确保获得丰厚利润的最佳途径。我总喜欢将"利润"（Profit）同 3P 联系在一起，这样能让选手们知道他们正在向着胜利冲刺。

35 团队齐上阵

在比赛日，每个人的注意力都必须集中在销售部。所有员工的心思都必须用于帮助顾客和协助销售员，以满足顾客的全部需求。

如果没有整个团队的协作，你就不可能赢得胜利。在橄榄球赛中，为跑卫打开对手空当时，侧卫和阻截队员极其重要。在我们公司，采购员、信贷部经理和裁缝就相当于侧卫和阻截队员，没有他们的帮助，跑卫就无法触地得分。

在经济困难时期你当然需要防御，要高度关注并控制库存量，严格控制所有开支；但当你看到可能得分的机会时，就应迅速发动进攻。除非你不断得分，否则便不可能获胜。

有一点非常重要，任何人都不应该当看客，所有队员都应该有上场比赛的渴望。如果有人做不到，你就需要将其挂牌卖到其他球队。

所以我们认为，包括销售员、管理员、信贷经理及采购助理在内的所有人，在比赛日里都应将注意力集中在顾客身上而非"其他工作"，不论他们的桌子上堆积着多少等待处理的工作。当然，"其他工作"对获得成功也很重要，但至关重要的是，必须让员工们理解，在比赛日亲自销售对于我们的拥抱文化而言更为关键。

如果是最重要的日子，老板必须亲临现场。正所谓"有的放矢"。你下次在周末或节日去购物时，不妨问一下老板在不在。如果服务水平很糟糕，那么店主多半是真的出门钓鱼或打高尔夫球去了。

每当重要的销售日，我们总会在营业前开个会，以调动所有人的热情。这就像是更衣室里鼓舞士气的讲话，或是橄榄球运动员的赛前总动员。我一直都很喜欢赛前总动员时大家的那种团结一心，因为每个人想的都是团队如何获胜。每个人都有独立的角色，但是也要团结一致。否则，即使销售员取得非常出色的成绩，但裁缝部或送货部却"把球丢了"，这样他们仍然无法在橄榄球场上前进一步。

众所周知，有些人性格可能比较独立，有些人则比较依赖他人。但团队中的每一个人都应该团结互助。在我们的团队中，便存在着一种所有人都相互依赖、信任的关系，一种真正气氛融洽的工作环境。这种相互依赖可以带来合力优势，也就是说 1+1=3，有时可能会是 1+1=4 或 1+1=5，甚至可能是 1+1=11。

我知道，这句话可能有些老生常谈，但确实很管用：所有选手的心中，必须只想着团队、客户和拥抱。

36 环境也要拥抱客户

比赛场地的外观对于你的场上发挥影响很大。我所指的既有地毯是否破旧，墙壁是否污损，也包括不起眼的细节。我曾到过一位医生的诊所，候诊室里的所有杂志都是几个月前的。谁愿意去读三个月前的《时代周刊》和《新闻周刊》？我不知道这位医生是喜欢读"历史"呢，还是一贯很吝啬。

对我们而言，"比赛场地"意味着商店外观设计、内部布局和展台。我们与商店设计师之间经常会产生矛盾。因为他们首先考虑的是设计和形象，而我们所关注的是顾客的方便和他们所看重的商品。设计师们要的是"有趣""哇""漂亮"和"气氛"。

以灯光为例，它是一个商店的重要内容，设计师讲求的往往是气氛，顾客则希望能够看清商品。

我们解雇了一位世界著名的灯光设计顾问，因为他想要那种朦胧的灯光效果。人们共进浪漫晚餐时可能会喜欢朦胧的灯光，但在购物时却只想要可以看清衣服的灯光，以便弄明白衣服到底是蓝色还是黑色的。我的儿子拉塞尔负责监督新店装修，他便坚持要在 4.5 米高的天花板内装进 2 000 个吸顶灯。

对于顾客而言，方便至关重要。你必须将大堂安排妥帖，不能让顾客找不着试衣室和退货柜台。所有的一切，从停车场到结账柜台，都必须非常清楚方便。我敢肯定，当你走进商店并准备买点东西时，抬头却看到交款处排起了可怕的长队，必定会说："啊，太糟糕了！"我们经常检查店内情况，当顾客排成长队时，我们会动员包括董事长在内的所有人员协助收款。

不过，无论设计得多么好，不熟悉商店情况的新顾客都需要一些特别帮助。人们去到一个新地方时往往会感到很局促。他们需要自己的空间，需要脚踏实地的感觉，而我们会使他们放松下来，就像回到家里一样。我们会告诉他们："这里是西装部，那边是运动装部。"领他们四处转转，并给他们一一介绍。

你可能去过不少这样的商店，那里的员工只是说句"它在那边"就完了，而不是亲自把你领到要找的地方。这是个很小的细节，一个很小的拥抱，但对于找洗手间而言却至关重要。有许多次，我判断一家餐馆是否具有发展潜力的方法，便是看他们如何告诉我洗手间在哪里。他们是说"在楼下"或"在楼上"，还是真的领我走到那里。从这个微小的细节就能反映出服务的质量。

我曾经听朋友谈起过，当他们收到个性化"拥抱"的时候，他们甚至能感觉到盘子中的牛排和鱼都会变得好吃一些。

㊲ 成为反映客户需求的镜子

如果没有优质的产品，任何公司都无法脱颖而出。任何商家都必须做出选择，是卖你想卖的东西，还是卖顾客想买的东西。

就我们而言，我们总是试图成为反映顾客需求的一面镜子。例如在早期，我们除箭牌和哈撒韦牌衬衫以外什么都不卖，因为它们适合客户的需求。我们的顾客甚至不知道还可以定做衬衫。如今，社会变了，我们售出的衬衫有 1/3 都是量身定做的。

当"星期五便装日"在职场流行，甚至演变成"每天都是便装日"之后，很多高管开始不太清楚到底应该穿什么。我们调整了自己的库存，帮助他们应对办公室的休闲革命，让他们能穿运动衫、短袖衫，不打领带，甚至穿着高领毛衣和卡其布衬衫去上班。你可能难以想象，在我们位于硅谷核心区域的帕罗奥图服装店内，一年到头也卖不掉几条领带。很明显，这些科技公司高管的着装风格和康涅狄格州、纽约华尔街的银行家、对冲基金负责人大相径庭。

我们采取的方式是倾听而非说教。

在如何正确使用商品这个问题上，许多顾客都希望得到帮助。尽管人们经常说，现在的家用电器说明书比以前简明多了，但是在我看来，这些说明书读起来仍然如同天书。当我请家用电器销售员讲解如何使用洗碗机时，我感觉他就像是在用外星语和我说话。

帮助顾客明白如何使用商品，是一件再重要不过的事。因为现在的商品越来越复杂，种类也越来越多。在我们的行业里，情况也一样。与过去在商界走到哪儿都必须穿西服相比，如今已经有了很大的改变。我们正处在"适度着装"的时代。

像 IBM 全球创新与技术执行副总裁尼克·多诺福里奥那样的公司主管，可以身穿运动服和休闲衬衫走进公司的技术部门。但是，他当天还需出席纽约银行的董事会议，会议上所有人都必须身着西服套装。还有，次日早晨他将飞往亚利桑那州参加一次商务早餐会，休闲装比较适宜。如何应对如此复杂的着装问题呢？尼克的助理会提前给我们打电话，询问出席不同场合时，尼克穿什么衣服才会显得出众。

我为当前面临的挑战创造了一个新名词："超人综合征"。正如超人必须随时备好一套衣服以便能够迅速变换角色一样，现代职场男女也必须随时备有更换的衣服。

为指导职场超人们如何着装，我们出版了一本叫《着装指引》的小手册，告诉人们如何才能衣着得体，包括诸如何时穿何衣及如何搭配等许多细节。如果你是一家拥抱组织的经理，我觉得你理所当然应该为顾客做这些事情，无论你从事的是什么行业。

我们邀请顾客参加关于"穿衣的学问"讨论会。如果他们希望在

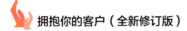

整理衣橱方面得到帮助，我们也会举行相关讨论会。那将是一次免费的衣橱整理咨询会，无论是男士还是女士都可以出席，而且不会有人拉着你去买衣服。我们的客户说，他们喜欢并享受这些拥抱。

因此，不要光顾销售商品，还要教会顾客如何使用。然后，他们就会成为回头客，不仅是为了购买你的商品，也为了征求你的建议，寻求"拥抱"。

38 去合作伙伴的领地，亲自拜访

要确保随时都能得到你所需要的优质产品，从而在"比赛"中占据优势，拥抱你的供货商就非常重要。我曾读过罗伯特·阿德里（Robert Ardrey）所著的《源自非洲》，这是对我影响最大的一本书。它揭示了人类是在非洲由动物进化而来的，还解释了我们继承了一种决定人类相互关系的"领地本能"，讨论了"头号人物""群体"和"本能"的影响力。

最重要的是，他认为我们的关系都围绕着领地发展而建立。过去我一直认为，人们相互关系的核心是性和饥饿。这些当然都很重要，但阿德里强调说，人类最重要的本能是关于"领地"的动物本能。当然，我们还拥有能够驾驭这些动物本能的神奇大脑。

米切尔或者埋查德服装店的做法是走访人们的办公室或工厂，因为这里是他们的领地。

当我们前去探访供货商时，这便给了他们一个大拥抱。当我首次去纽约州造访希基·弗里曼公司时就感悟到了这一点。有谁愿意去罗切斯特（罗切斯特市距离纽约远达 600 千米）？只有我们愿意！

你认为做服装业的，去一趟纽约、米兰或巴黎就能搞定一切？当然不是！谁愿意带着采购员去巴尔的摩，或者是去缅因州的班戈市？我们愿意！

我们去拜访希基·弗里曼服装公司或科尔—哈恩公司的运输部。询问他们的姓名并写封感谢信，对多年以来为我们运送数以千计的夹克或鞋子表示谢意。正因为如此，他们也记住了我们，并且深受感动。我敢打赌，当我们急需货物时，他们肯定会挺身而出，帮助我们摆脱困境。

这不像去欧洲那么有趣，但我们也会去那里。实际上，我们是第一家走遍意大利都灵市所有阿玛尼公司制衣厂的美国零售商。这一招非常有效。所以，去拜访合作伙伴吧。他们喜欢这种方式，同时你也可以听取意见、增长见识，建立长久的拥抱关系，何乐而不为呢？

他们也会予以"回抱"。布莱奥尼公司首席执行官昂伯托·安杰罗尼邀请比尔和我去南非打猎就是一个"回抱"。正是在非洲丛林中，我们更深入地了解了布莱奥尼公司的梦想和战略，我们也将自己的想法告诉了昂伯托。

布鲁诺·库奇利所有男女运动装和服装的设计和制作都是在意大利的索罗梅欧完成的。它距离佛罗伦萨大概一个半小时的车程，这趟旅程既有趣又充满教育意义。数个世纪以来，意大利人的匠心和细节就像镌刻在 DNA 之中一般，给顾客带来无上的体验，让顾客觉得自己非同凡响。

　　我们和杰尼亚公司的关系，鲜明地体现了两个家族如何在各部门进行充分合作。在高层中，吉尔多·杰尼亚同我建立了亲密的私人关系。同时，我的儿子鲍勃同吉尔多关系也很好。此外，鲍勃和我还有吉尔多的堂弟、副董事长保罗以及杰尼亚家族其他成员也建立了良好的私人关系。

　　这种关系不断延伸，还触及了他们的采购员、设计师、市场营销人员及电脑系统经理。罗伯特·奥尔德里奇，负责管理北美分部的业务，我们两个家族之间交往频繁：一起打高尔夫球，一道享用通心粉，一同喝红酒，相互致信或发贺卡，相互致以真正的"拥抱"。不仅在康涅狄格州，在意大利也如此。

　　不要光是给你们的供货商打电话、发邮件。坐飞机、大巴、汽车、轮船或火车去看看他们吧，也许会收获更多。

39 十大必胜法宝

　　一旦你做好准备，安排好比赛场地，得到了最优质的产品，这时就该注意使用你的招数了。我们的训练手册非常详细，但要想取得成功，你可能仍需要10到20个拿手绝招，不必太多。但如果绝招太少，也难以保证赢得比赛。太多的话，甚至最优秀的队员都无法掌握并顺利使用。我并不希望员工像橄榄球运动员那样，将战术写在自己的胳膊上。

　　下面是训练手册中的一条绝招。销售员会记下同顾客或客户的约会，看谁可能会在星期六前来购买新到货品，或者取走以前购买的衣物。这些记录随后会交给其他员工，添加上对这些顾客的"简单描述"，然后再将其装订到训练手册上。于是，比尔和我就可以做好准备，在顾客到来时给他们一个热情的拥抱。

　　这样做的好处在于往往能带动更多的销售，因为你不仅可以提前准备出顾客需要的商品，还能准备一些时下流行的商品供顾客挑选。既然顾客信任你，他就肯定会对你所提出的当季流行品动心。

不光如此，你还能为你在鞋和珠宝专柜的小伙伴们拉来商机。

另一个重要好处是，销售员可以看到以前的销售记录。如果他们注意到吉姆没买过上衣，或者他的妻子阿琳在我们这里购过物，而吉姆说下次可能偕妻子同来。如果能够巧妙利用这些信息，都可以将一单生意变成一笔大买卖。这正是在比赛中获胜的诀窍。

还有一个非常有用的招数。那就是接待顾客时尽量做一些与众不同的事。可以是送上一杯不含咖啡因的卡布奇诺咖啡，也可以是帮顾客将衣物送到汽车上。这对建立关系十分有效。

在马萨诸塞州有个家具店，当你开车到装货站取椅子或茶几时，会有一位服务员走上前来擦洗车窗和轮胎，并送上一个免费热狗。我就喜欢这样的服务。

为可能出现的紧急情况做好准备，这也是我们的绝招之一，因为这在其他商店极为罕见。在比赛日，所有人都忙得筋疲力尽，但裁缝部在按计划工作时，还要时刻准备应付一连串"特殊情况"。如果哪位顾客夹克或礼服上的纽扣掉了，我们就可以在他们购物时为其缝上。而这种情况经常发生。

有一次，一位顾客坐在轿车上赶往自己的婚礼。他略有些紧张，将咖啡泼到了裤子上。"等一下！"他告诉司机，"绕到理查德服装店去，他们是我唯一的希望。"他冲进店门，着急地说："我正要去参加婚礼，但看看我把裤子弄成了什么样！"好了，一个字都不必多说。我们立即发动"攻势"，给他找来一件合适的新裤子并改好，以便及时赶去参加婚礼，幸亏最后赶得及，甚至时间还有富余。一位负责格林尼治医院急救室的顾客经常说，我们经营的是"格林尼治服装急救室"。

不久前，我的汽车窗户出了点毛病，我打电话通知汽车经销商，表示我确实很忙，不知何时能过去。经理答道："我们派工程师过去吧。"不一会儿，工程师赶了过来，就在停车场修好了车窗。你们说，以后我还会转投别的经销商吗？

我们喜欢举行活动，这一点是出了名的，举办这些活动也是绝招。活动会产生令人兴奋的气氛，在人们的生活中，多一点兴奋总没坏处。我们几乎每周六都会举行"新品展示会"，有时还会有模特们穿梭店内，你能感到店内气氛迅速升温。不少人就是冲着这些活动来的。

这些人们喜欢并期待的活动就是绝招。在威斯康星州有位牙医，他每月都举行比赛，例如"看照片，猜员工的孩子"和"数黄色巧克力豆"。胜利者能带全家吃一顿免费豪华大餐。

我还曾在报纸上读到，弗吉尼亚州的一家自动洗衣店，每周会举办一次歌唱比赛，并且提供饮料、点心。当衣服在洗衣机里打转的时候，顾客们正在唱歌或讲笑话呢。

还有一个绝招：在大多数商店里，如果顾客要找的物品缺货，那么一切便宣告结束。但我们遇到这种事情时，则会尝试专门去订货，甚至不图利润地从竞争对手那里买来。顾客的要求越是难以满足，越能激起我们的工作热情。

记得多年之前，我们曾接到一位顾客的电话，他问道："你们有牛仔帽吗？"很少有人会到我们这里买牛仔帽，所以我答道："我们没有，但我们可以帮你找到。"他解释道："我在为我弟弟准备一次聚会，打算把它办成西部风格，给孩子们弄些小马骑，还有套马索等必要装备。所以我想，如果发请柬时配上一顶牛仔帽该多棒，客人就可以戴着帽子出席聚会。"

我说道："听上去真不错啊。你需要多少顶帽子？""大约 150 顶。"他答道。做过买卖的都知道，要问清顾客的预算是多少。你永远无法预测这一点，而顾客都不喜欢突然冒出来的高价。于是我问了这个问题，他说："哦，大约每顶 10 至 15 美元。"我说道："好的，我们试试吧。"

于是，我给附近一家制帽厂打电话，他们说自己不做牛仔帽，但给了我纽约斯泰森公司（Stetson，世界顶级的牛仔帽品牌）的电话号码。我给那里打电话，联系上了董事长并解释了情况，他笑道："每顶帽子 10 至 15 美元！你开玩笑吧？"他说，斯泰森牌牛仔帽每顶售价 200 至 300 美元。

但随后一位助理又打电话告诉我，在纽约的鲍厄里有家专门针对远东生产牛仔帽的工厂。我于是打电话给那个工厂，向经理说了我的想法。他说别说 150 顶，再多的都没问题。

"那一顶多少钱？"我问道。他立即答道："4美元怎么样？"我想，才4美元！那些帽子的质量一定很差。我派人到那里取回5顶帽子，结果质量居然不错。于是我又派人去买下了145顶帽子，并将这些帽子包装好交给了那位顾客，他非常高兴。所有这些在一天内就办完了！这一天我们做成了一笔不错的生意，还拥抱了一位大喜过望的顾客。

半年后，我恰好去得克萨斯州洛布克市开会，那里是斯泰森牌牛仔帽的原产地。我通常会尝试记住顾客的尺码，而那位顾客的帽子尺码是 7 码半，于是我为他买了一顶漂亮的牛仔帽。圣诞节前夕，当他来我们店里购物时，我把这顶帽子当作礼物送给了他，他简直乐不可支。这顶牛仔帽便是一个出色的拥抱，花费不算大但效果卓越。一如既往地，我们总是尽量超水平满足顾客需求。

这已经是很久以前的事了，从那以后没有人再来买过牛仔帽。但如果再次遇到类似事情，我们也一定能做到最好。

有些招数未必能增加销量，但却很有助于培养感情。我们有位顾客名叫加里，酷爱逛服装店，除每周六必到之外，有时一个星期甚至会来个三四次，到店里聊天或购物。他是位非常成功的离婚事务律师，他的妻子经常开玩笑说，如果他俩也离婚，她什么都不要，就要丈夫的衣橱。有一次过光明节，妻子想送他一件特别的礼物，问我们是否允许他在周六当一天销售员，我们当然没意见了。

他非常兴奋，早晨 7 点半便赶到店里，穿着他最好的西装。我们本想指导他一番，结果发现根本不需要。他联系了一大堆朋友和客户，并仔细研究过这些人的情况，做好了拥抱的准备。

不久，这些人便涌进了服装店。他勤勤恳恳地忙活了一整天，最后卖出了价值 9 778 美元的衣服。我们把这笔款项捐给了他认可的慈善机构，以此作为对他与我们共度美好时光的拥抱。这是非常愉快的一天，这位顾客甚至还想再来一次。在比赛日使用这些绝招，你会看到业绩节节攀升。

40 始终如一地为客户提供高品质服务

　　我经常会遇到这种事情：一位熟人向我介绍一家很不错的餐馆或酒店，但当我去到那里时却发现食物难以下咽，前台侍者对我就像对待刺客一样。当我将自己的经历告诉那位朋友时，他会说："哦，那天他们肯定碰到了不顺心的事情。"

　　嗯，也许吧。但那将是我唯一一次去那里。此前或此后的服务再周到，和我又有什么关系呢？

　　一支常胜不败的球队，会始终如一，无论何时都能发挥出最佳水平。所谓始终如一，就是无论任何时候都能满足顾客的需求。它意味着在你第一次遇到顾客时，就能提供超乎寻常的服务，第二次、第三次以至于第四十次都是如此。

　　始终如一在任何行业都非常重要，它是诚信的基础。麦当劳正因为追求始终如一，才能确保全球每家分店每天的炸薯条都一模一样。无论在最繁忙还是最清闲的日子里，你都能提供同样高品质的服务，这无疑能给顾客留下深刻印象。因此这必须成为你奋斗的目标。

所有员工，必须始终如一地对待每一位顾客。一旦你发现某种拥抱对某位顾客很适用，你就需要以始终如一的态度，坚持同样的拥抱方式，并逐渐将之标准化。

牢记以前的拥抱十分重要。例如当我遇到某些顾客时，我便会给他们来个"熊抱"。因为如果我不这样做，他们就会暗自嘀咕："肯定出什么事了。"对另一些顾客，我会把他们送到车旁。如果不这样做，他们和我都会感到不舒服。

毫无疑问，始终如一是最难做到的事情之一。正因如此，你需要电脑系统提供帮助，需要计划、准备和训练。并且还不仅限于此。

你必须检查、检查、再检查。我规定自己每周六都必须亲自销售，哪怕只是卖些配件也无所谓。这可以使我了解销售情况，可以检查我们是否始终如一。

如果有人想买一打长筒黑袜，而我找不出来时，我就知道我们在保持长筒黑袜的库存量方面未能做到始终如一。男人们一次买半打袜子，多半是因为被洗衣店弄丢了，或是被孩子们拿走了。可能有人会问："你们为什么没有紫色袜子？它们很配我以前买的紫色裤子。"我会了解一下顾客需求是否很大。如果存在这方面的需求，我就要开始进一些紫色袜子。

始终如一意味着必须对所有顾客一视同仁，包括素未谋面的新顾客。多年前的一个周六，米切尔服装店人潮汹涌，以前从未来过的一对夫妇走进店里。那位太太问是否有绿色的领带。我翻遍了所有领带架，也没有发现她要的颜色。这位太太指着一个塑料模特说："那不是吗？"于是我马上走过去，取下领带，拿到楼下熨烫。

与此同时，这对夫妇四处转了转，购买了几套西装、两件运动衫和 23 件定制衬衫。当他们结账时，那位女士说道："我们来这儿之前，曾到过斯坦福的一家商店，在塑料模特上也看到了一条很喜欢的领带。我问经理能不能取下来，结果他却说，'绝对不行，今天店容部的经理要从纽约来这儿检查，店容必须完美无缺。'"

你必须始终如一地对待所有顾客。没有始终如一的服务，就没有始终如一的利润。

41 回馈本地社区：你的大多数客户都在那里

　　"本地商家必须回馈本地社区。"但不少商家都会忘了这一点。我们深信，应当对本地社区存有责任心。毕竟，"比赛场地"就在社区之中，这里也是大多数顾客生活的地方。人们选择在这里生活，是因为他们喜欢这儿，是因为这里有他们对生活的感受和关心的事物。如果商家也关心自己所在的社区，自然会被顾客们视为"自己人"。我常常会感到惊奇，那么多本地商家不愿为社区做一点事，同时却总在疑惑自己为什么无法赢得比赛。

　　有一些事情稀松平常，比如说我们常常主动为慈善募捐提供场地。做法是先向主办方发出个人邀请并附上亲笔签名，有时还附赠一点小礼物，比如一枝鲜花或一盒小甜饼。随后，在大多数情况下，还会打电话再次邀请。

　　此外，还有一些不太显眼的事情。正是这些不起眼的事情会成为帮助你获胜的关键因素。

　　当我的好朋友埃米尔·弗兰克尔当上运输局局长时，卢·戈尔德贝格也当上了机动车辆局局长。有一天，卢在米切尔服装店一楼试穿西装时显得心情很不好。他抱怨说，他正设法改进机动车辆局的服务质量并节约资金，希望在全州各地设置流动办事处。当人们需要更新驾驶证时，他们就可以就近办理，不必驱车到那几个中心办事处，这将极大地改善客户服务水平。但是，当他前往韦斯特波特市政厅商讨此事时，对方却给他泼了冷水，拒绝免费提供任何场地。

就在卢发火的时候，埃米尔恰好走进来。他说道："我们运输局有不少不用的旧巴士。你干吗不利用一下？可以把它们从一个地方开到另一个地方，就好像流动办事处一样。"卢马上来了兴致。随后，我弟弟比尔也加入了讨论，并主动提议："你可以把一辆车停在我们的停车场。我们的场地足够大，只要不是在特别忙的日子里就行。"

问题就这么搞定了。每月总有那么一两次，一辆巴士驶进我们的停车场，人们排队等候更新驾驶证。但是，故事并没有到此结束。每当比尔看到人们在排队时，他就会立刻抓住商机。所以当巴士到达后，比尔便会拿出一把 10 美元的优惠券，分发给所有排队的人。他还会送给每人一杯免费咖啡，并给司机买一个培根三明治。实话告诉你，这举动为我们争取了不少顾客。所以说，这既是对社区的拥抱，也为商店带来了好处，是又一个双赢的事例。

有谁能想到，同机动车辆局合作，也能帮我们卖出更多的西装？

42 持续跟踪评估销售数据至关重要

我的侄子斯科特·米切尔是女装部经理，他曾对自己的团队说："女士们，如果你不知道分数，又怎么知道自己的输赢呢？"

她们中间的大多数人，只是专注于享受工作的乐趣，或更多地了解客户。这固然不错。但是，斯科特解释道："除此之外，如果你们想实现目标，就需要知道比赛分数。"斯科特的意思是，不仅要知道当天的销售额，还要知道平均销售额和顾客数量。

大多数商店没有跟踪、统计这些数字的技术装备，员工们无法知道本店接待了多少单身顾客、两位同来的顾客、三位同来的顾客和全家一起来的顾客。但我们由于拥有电脑系统，任何时候都能知道自己此刻的成绩：有多少位顾客到店里来，他们买了多少商品。并且还能和去年同期水平进行对比。

实际上，我们每天都在采取行动来影响这些数字，以尝试取得更好的成绩。这正是我们必须知道比分的原因：如果你比分落后了，就得想办法赶上。

在我们两间商店里，销售员和经理经常会检查当天工作，以了解销售员们到底干得怎么样。在这方面，可能数我做得最勤。我喜欢看比分，当看到我们超过去年同期水平时，便会感到非常高兴。我会想起母亲过去常说的一句话："我们可以再买一袋花生了。"

我们发现，所有人都希望知道分数。人人都希望得到瞬间的满足，都希望了解自己做得怎么样。在查看统计数据时，员工们会对自己说："还剩两个小时，我们需要再卖两三千美元的商品，才能超过去年的成绩。该怎么办呢？"他们四处发掘，集中精力，更加努力地寻找制胜良方。

比如，把放在地下室里、还没上市的新系列服装推销给顾客。贝琳达最近就这么干过，走下三层楼梯去收发货区，将衣服拿上去供顾客挑选。她几乎都快哭了，因为细高跟鞋把脚都磨出血了。但是她拥抱了自己的客户，并且做成了一笔不错的买卖。

提高成绩最有效的方式之一，便是给顾客打电话，邀请他们到店里来。我们发现，许多新员工，甚至一些颇富经验的老员工，都会害怕被拒绝。我们非常重视教给员工打电话的技巧，因为这是一种极有价值的拥抱工具。最好的销售员都是打电话的大师。

我们常对员工说，只要你得到了顾客的同意，那么打电话就不成问题。当你在店里见到一位顾客，并且希望同其建立关系时，你可以先问一声："我可以给你打电话吗？什么时候比较合适？"

如果他们回答："当然可以，上午 8 点之后就可以。"这意味着你得到了准许，你就不会侵犯他们的隐私了，也不会成为那种在人心烦意乱时还打电话的推销员。

乔是我们的一位顶级销售员，他曾给我讲过一个小故事："最近，我给一位顾客打电话，他开了家小广告公司。我邀请他到店里来，看看一款采用特殊布料制作的秋装。他告诉我，市场在走下坡路，生意不景气，口袋里没有闲钱。我安慰他说，什么时候心情好都可以过来。到了第二个周末，他居然真的来了，还解释说我那么好心地打电话，询问他的家庭、他的高尔夫球赛，所以很想来看看。这位顾客买了一套价格昂贵的运动服，而且很喜欢它。"

每天清晨，我会打开家里的电脑以获得头一天的准确数据。我们干得怎么样？赢了（超额完成计划）还是输了（未完成计划）？这个月是赢还是输？按商店、按部门、按类别来算，是赢还是输？随后，我会迅速查看谁卖了些什么，谁得分最高。之后我会更新自己脑海中的"击球率"等关键数据，比如每位销售员负责的顾客数量以及当天、当月和当年的平均销售额。

但无论结果如何，都不必因一天的失利而闷闷不乐。更重要的是，我们从中获得了乐趣，学到了更多的东西，为下一次取胜奠定了基础。每当我同别人打网球并且输掉时，特别是输给年轻人时，我总是问对方："我怎么才能提高水平？你觉得我应该在哪方面继续努力？是网前球、截击球，还是别的方面？"

经过一天的努力工作，我们会问自己或顾客，怎样才能做得更好？在下个比赛日，就会在那方面加倍努力，在随后的比赛日里也依然如此。因为我们渴望取胜，胜利将为我们带来更多乐趣。

拥抱指南

将销售看作一场要决出胜负的比赛

所有人必须将重要销售日（对于我们而言就是周六）视作比赛日，这需要充分的准备和高度的重视。

3P（Plan, Prepare, Practice）

为了获胜，比赛前必须计划、准备和训练，只有这样才能获得回报。向员工提供含有顾客最新信息的训练手册，以便实施制胜的战术。

全体上阵

在比赛日里，所有人都应将日常工作放在一边，把精力专注于顾客和销售。

关注比赛场地

商店就是赛场，所以既要保证美观，同时又要方便顾客购物。

反映顾客的需求

你的产品和服务要能够完全反映顾客需求，倾听意见，不要说教。

走访供应商

如果想得到最好的产品，就去拜访供应商。

掌握几个绝招以赢得胜利

两个绝招不够用，100 个又多得难以掌握，那就掌握 10 到 20 个绝招确保你获得胜利。

始终如一

这是诚信的基础。

参与社区活动，履行社区义务

你的顾客大多数都住在那里。

随时了解比分

如果不知道比分就很难获胜，因此持续跟踪、评估销售数据至关重要。要使所有人都能进入电脑系统以便获得最新数据。

HUG
YOUR CUSTOMERS

第 6 章

公式

要制订财务公式

___

制订明确的公式可以让你和员工

对于什么应该做、什么不能做都清楚明了。

而比制订公式更重要的是，

每个人都必须诚实而严格地遵守公式。

43 拥抱为何会带来财富

　　我永远无法忘记自己做的第一笔生意。当时我大约八九岁，家在韦斯特波特的康普海滩区。正如许多孩子一样，我也希望摆个小摊子。但在海滩入口处，到处都是卖柠檬汽水的，于是我估计柠檬汽水市场已经饱和了。所以，我决定进军冰棍业。市场中不起眼的小角落，但却与众不同。

　　在母亲的帮助下，我买了各种原料，做好了冰棍，整齐堆放在冷藏箱里，再出去寻找合适摊位。我在路口发现了一个不错的位置，位于罗斯福路和南康普路的交界处，刚好是汽车在拐过一个大弯后速度减慢的地方。

　　而且，我知道朋友们的父母首先会买我的棒冰。当他们走向海滩时，我就拼命向他们招手。我估计，那时自己便有了一点拥抱的意识，因为我微笑着说道："来根冰棍怎么样？自己家里做的。"

　　当第一天结束我口袋里装着 26.43 美元回家时，心里真是得意极了，简直觉得自己就是个百万富翁。可是，当妈妈递给我一张买冰棍原料的账单，上面写着一共是 35.63 美元时，我简直就懵了。刹那间，我便明白了利润和收入之间的差异，明白了库存的重要性和价值。

当爸爸和妈妈开始经营服装生意时，他们在财务上要比我卖冰棍时成熟得多，但也存在相似之处。他们同顾客建立关系，主要是出于天性，而非因为发觉那是致富捷径。他们天生热情洋溢。正如我卖冰棍一样，他们从来未过分关注商店能挣多少钱，他们只是希望获得乐趣，维持商店运转，并关心顾客。

不过，随着时间的流逝，他们逐渐发现拥抱顾客可带来巨大的经济利益。当然这也是一件好事。如果拥抱了顾客却没挣来钱，这没有任何好处，用不了多久，他们就谁也无法拥抱，只能拥抱债主并关门大吉了。

有些私营企业似乎羞于承认赢利，我可不会这样。我当然不会四处张扬，告诉全世界自己挣了多少，我也珍视自己的独立性和隐私，但我从一次次的经验中发现，很有必要告诉员工和供应商，我们的经济实力是雄厚的，财务政策是稳健的。其实显而易见，赢利之所以如此重要，根本原因在于如果没有利润公司便不可能有未来。实际上，我会很自豪地宣称我们是赢利的。毕竟，这正是美国人的性格。

因此，很有必要在这里说说能带来经济利益的几点拥抱文化。

吸引最优秀的销售员

他们非常高效，能卖出更多的产品，单位销售额的成本也将降低。

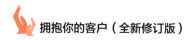

正如我曾说过的，在拥抱文化中工作将带来更多乐趣和回报。从其他商店来的明星销售员，到我们这里会做得更好。

传统营销的成本大大降低

在拥抱文化中，营销成本会大大降低，因为你的拥抱者就是你的市场营销员。你可以建立系统和程序去帮助拥抱者进行营销，而不必再在媒体上做大量昂贵却没有直接效果的广告。当然，你仍需在大众媒体上进行传统的广告宣传，以便树立品牌。但是在提高销售额方面，没有什么比拥抱更为有效。

与投资大量金钱做广告不同，我们投资于电脑系统，以帮助员工了解顾客。我们还投资于微笑和"谢谢你"。微笑不需要成本，"谢谢你"也不需要什么成本。有家餐馆每一张餐桌上都有一个计时器，如果顾客点的菜 10 分钟内还没上来，就可以免费用餐。消息很快传开，顾客蜂拥而至，因为在那里吃饭不会浪费时间。服务员动作极为麻利，总是能够很快完成点菜，而餐馆实际上不必为此多花一分钱。

毛利率会更高

因为我们能以正常价格销售更多商品。当你同顾客建立真正的关系后，他们就会信任你并知道会得到公平待遇，反过来他们也会公平对待你。这意味着他们不会只对打折或大减价感兴趣，因为价格对他们而言并非最重要的因素。"正常价格"意味着什么呢？

如果一位女士在某百货公司买了500美元的衣服，她往往会为改衣服再花50美元。在我们店不仅不用花这笔钱，必要时还能当天就取走改好的衣服，同时还可享用咖啡和点心。此外，她还将获得一位礼貌、专业且了解自己的销售员的服务。因此，我们店的500美元衣服拥有巨大的附加值。

同时，我们从来没有也永远不会比其他商店的价格高出哪怕1美元。一旦发现类似情况，我们将立即把价格降到正常水平。而且，在每季结束时，也会打折特卖。我经常说的一句话是："穷人需要打折，富人喜欢打折。"

收益是长期和稳定的

由于并不过分热衷于某一种热卖商品，而是努力满足顾客的需求，因此我们的收入不会大起大落，也不会像其他商店那样经常搞大减价。同顾客建立了关系意味着，当他们准备购物时，会选择全部从我们这里购买，而不是在五六个不同商店购买。

调查问卷显示，大客户将其服装预算的65%到70%都花在我们这里。在1990年到1991年经济衰退期间，我们的销售额同其他所有商店一样有所下降。于是我们就西装销售做了一次调查，发现两年没有从我们店买西装的顾客，其间也没有从其他店买过西装。在经济衰退时期，他们削减了购衣开支，而非转投其他商店购衣。

同样的情况也发生在 2008 年的国际金融危机时期。我们给客户打了电话、发了邮件，有时甚至只是邀请客户过来坐坐，喝杯清咖啡或卡布奇诺。虽然购物量很少，但他们仍是我们的重要客户，当经济状况好转之后，他们便又开始来店里面消费。同样，由于这些长期拥抱关系，我们店的退货率较其他店也要低得多。

稍微想想，就能明白是怎么回事。在你为顾客制作详细档案后，自然能提供适合的商品和合适的尺寸。顾客更满意，退货更少，争吵也更少，于是大家都是赢家！

店面租金更低

因为我们不必为最好的位置额外付费。正如先前提到的，我父母开店时就没有特别选择最好的地段，现在也是如此。无论米切尔还是理查德服装店，都不在城里最好的位置。

当你在拥抱文化基础上，建立起忠诚的顾客关系时，那些便不再是关键性因素。我们的老顾客会告诉他的朋友们服装店的具体位置。他们会自己找上门，再加上方便的大型停车场，最终会促使他们成为我们的新顾客。

正如服装行业常说的那样，我们是"完美商店"，不用依赖大量偶尔经过自己商店的新顾客。当他们发现我们时，他们只会深感庆幸，因为我们不但能够奉献优质的服务，而且可以为他们节省金钱。

只要做到上述五点中的任何一点，就可以使你的收入增加。如果全部都能做到，即使身处利润不算丰厚的行业，你的公司也将获得不错的赢利。这五点能使你无论身处哪个行业，都将比同行获得更多的利润。

⑭ 公式的诞生：拥抱和赚钱如何相互促进

拥抱可以带来巨大的经济利益，但如果你在开支方面缺乏计划，缺乏一张所有人都必须遵循的路线图，就可能迅速丧失这些利益。有一个很简单的问题，但许多企业都容易搞错，那就是对一家企业来说，最重要的资产是什么？

在我们服装行业，人们喜欢回答"库存"，也有人会说是"房地产"，还有人说是银行中的现金，或者说是应收账款。

但我们认为最重要的资产并非这些财务报表上的东西。最重要的资产是报表以外的东西——忠诚的员工和忠诚的顾客。没有他们，公司将一文不值。

在商业界，尤其是财务人员，很少有人理解员工和顾客才是最重要的资产，并且以此为根据而采取行动。

在收购理查德服装店时，我们清楚地知道，我们买下的最有价值的资产就是员工同顾客之间的良好关系，因为理查德服装店的员工们也是拥抱哲学的践行者！但是，大多数财务人员根本不知道顾客是什么，他们叫不出顾客的名字，甚至连一位顾客都不认识。

除此之外，他们也无法衡量顾客的价值或做出评价，因为财务报表上显然没有顾客这一栏。在公司销售、营销部门与财务、管理部门之间，存在着一条难以逾越的鸿沟。原因就在于销售员不熟悉公司财务，而财务人员则不了解顾客。

我们认为，财务部门和信贷部门必须明白，员工和顾客才是最重要的资产。这可绝不只是口头上说说而已。他们必须理解并"牢记"这一点。这些部门的人员需要亲自同顾客打交道。他们必须理解，要建立持久的关系，使顾客成为"回头客"，就必须付出必要的销售开支。

正因为如此，我的儿子拉塞尔提出了"公式"，一个让所有人都能明白拥抱和挣钱两者间如何互动的办法。

大约 10 年前，我同当时任公司财务分析主任的拉塞尔进行过一次重要交谈。我提出："为了经营好这个价值 1 500 万美元的公司，我们是否需要制订一个更完善的预算？"他却说："不，爸爸，我们不需要浪费时间去重新制订预算、财务计划和产品系列，我们需要的就是一个公式，一个非常简单的公式。"

从那以后，我就开始把那天他写在白板上的东西叫作"拉塞尔·米切尔公式"。它准确描述了促进销售、扩大利润和减少开支三者的优先关系，但它更强调了拥抱关系才是重中之重。

它并非"零售业秘诀"或者"家族企业准则"，但我深信它对任何公司都有用，无论是大公司还是小公司，上市公司还是私有公司。只要这些公司具有拥抱的心态，积极同顾客建立关系。并非所有公司都必须建立拥抱文化，但诊所、出版公司或律师事务所的管理者们也许能采纳其中的一两个点子，并用在自己的经营模式中，从而获得更高的利润。

拉塞尔给我列出的"公式"包括以下五点：

尽全力推动销售

这意味着投入所有资源来促进销售。对我们而言，显然首先是要聘用优秀员工，特别是懂得拥抱和关系销售的优秀销售员。随后，你还必须在他们身上投入时间、精力、金钱和拥抱。他们将学习并成长，逐渐为公司做出贡献。

我常说："试着算一下投资于员工的回报率。"其实这根本无法精确计算，但不妨试着去算一下，这样便可使自己始终将注意力集中于员工身上。因此，不要心疼给他们发的高工资。相反，你应对此感到高兴。对于付给优秀销售员的每一分钱，我都感到非常高兴，因为物有所值，他们都是出色的拥抱者。优秀销售员的生产效率极高，付出的钱实际上是将他们融入了我们的拥抱文化。

我们还不断投资于其他可以推动销售的方面，例如举办活动、制作个性化信件、为服装拍照，以及前面提到的所有令顾客满意的服务。绝不仅仅是销售员，所有人都应将全部精力投入销售。

获得行业内领先的高利润率

我们的原则是：同其他任何高档服装零售店相比，不向我们的顾客多收一元钱。而使利润最大化的秘密，就是不仅要比竞争对手卖出更多正常价格的服装，而且要能够在恰当时机以最低价格采购到最优产品。

我们的想法是把我们能找到的最好的服装卖给顾客，尽我们全力提供超出顾客预期的优质服务，让他们愿意一次次地回头。当你具备这种意识时，还可以拥抱供货商，积极加强和他们的合作关系。我们不像其他商店那样，总是要求低价进货和有权退货，这样做是因为他们太依赖降价促销了。

店里有一条规定：某款服装至少要卖出 70% 以后才能将剩余部分降价销售。而在大多数情况下，这个数字都比 70% 要高。所以我们不必像纽约城里的商店那样，时常将折扣定得非常低。

同顾客无关的钱不花

长期以来，拉塞尔被家族成员、店里的经理和服装业的同行称作"Mr. No"，因为似乎每当有人就某事要花钱而请示他时，他的答案都是简单而清楚的"No"。过了一段时间，我们终于理解了这一点，并意识到拉塞尔是位"财务天才"。他坚信并试图让我们也明白这一点：同顾客无关的钱绝不能花。在我们公司里，你永远不会看到为了满足个人虚荣或举办某些奢侈的活动而花钱。我们严格控制开支账单，就像山姆·沃尔顿一样，不坐头等舱，不买豪华车。

有人可能会说这样太小气，但这种心态使我们受益无穷。我们宁愿给优秀员工发奖金、提高工资或给他们惊喜，也不愿意奢侈地消费。我想员工、供应商和银行，都赞同我们这样做。聘用一位优秀销售员当然是和顾客有关的事情，吸引新顾客的优惠措施也是如此。为了吸引搬到镇上来的新住户，我们给每位新顾客买的第一件物品（无论是店里最贵的还是最便宜的）打 7.5 折，或者送给他们一张 100 美元的礼品券。两种优惠随他们挑选。

我听说过一个关于阿库拉（Acura）汽车的忠实顾客的故事。那位顾客开来一辆需要更换空调电机的车，这辆车已超出保修期八个月。但是汽车经销商从维修记录中发现，这个故障已经持续了一段时间。此外，经销商还知道这位顾客已经在这里买过五辆汽车了。于是，经销商决定承担这笔开支，免费为这位顾客修车，因为他知道这样可以感动这位顾客，巩固双方之间的关系。

在和顾客有关的地方上花钱，还意味着不要在退货问题上斤斤计较、鼠目寸光。**虽然接受退货会带来经济损失，但却提高了顾客的忠诚度，因此很有价值。**有些公司把各种苛刻的退货条件印在发票背面，读上去模棱两可，而且字小得需要高倍显微镜才能看得清。但在米切尔或理查德服装店，顾客要退货十分方便。

记得一个繁忙的下午，圣诞节刚过去 10 天，我正在店里转悠，检查各处情况。突然有人高声叫道："你是米切尔家的人吗？"我抬头一看，看到一位需穿 XXL 号衣服的彪形大汉，眉头紧皱，似乎很不高兴。我有些犯嘀咕，担心他要打我。

我故作镇静地答道："是，先生，我叫杰克·米切尔。"他大声说道："我住在新迦南，你知道你们干了些什么？你们卖给我女儿的那三件杰尼亚衬衫，非常贵。"我点点头，说道："是的，先生，杰尼亚是非常好的服装制造商。品质最好，样式也最新。"他接着说道："听着，你卖给她的是 L 号的，但你能清楚地看到我是 XXL 号。"我说："是的，先生，我能看出来。"他微笑着指着自己那 XXL 号的身材，我明白他并无恶意。我们周围聚集了不少顾客和员工，他们也都笑了。

"你知道刚才发生了什么事儿？"他接着说道，手指几乎捅到了我脸上。"我想拿这些衬衫换件 XXL 号衬衫，但你们根本就没有那么大的。你们客户服务台有位漂亮小姐，你知道她干了些什么？"我说道："不知道。她干了些什么？"他说道："她把我的钱还给了我，而且是面带微笑地退了款。杰克，世界上没有哪家商店能够向客人退还买这些昂贵衬衫的钱，而且还面带微笑！"随后，他紧紧握住了我的手。

我们周围所有人都开始鼓掌。正是由于我们给了他一个拥抱，我们才得到了这个巨大的"回抱"。

换季时要清空库存

我一直梦想着经营一家没有库存的公司。但是零售业离不开库存，所以我们必须解决这个问题。在换季时，我们将所有剩余库存都卖给那些追求低价的零售商，比如法林地下商场（Filene's Basement，一家专门售卖打折过季高档服装的商场）。这样一来，虽然我们会承担一定的经济损失，但无论如何仍然在可接受的范围之内。那么有什么好处呢？当然有！好处就是，一夜之间，所有的旧货都无影无踪。取而代之的是争奇斗艳的崭新时髦服装。

在20世纪80年代末至90年代初，在确立"拉塞尔·米切尔公式"之前，由于要处理过多的库存，以至于不得不在店旁边搭了一顶大帐篷，专门用于打折销售。

后来，我们又模仿巴尼斯服装店，租下一座大仓库，举办打折展销会，出售数以千计的西服。几个服装季之后，拉塞尔和鲍勃认为我们违背了公式，在非主业上浪费了太多时间和精力，应该集中精力拥抱顾客，并严格遵循公式行事。正是在那时，我们开始将"换季时要清空库存"也列入了备忘。

购买自己的店面

在租赁还是购买店面这个问题上，十分庆幸我们做出了正确的选择，给公司带来了巨大好处。我们在家族和顾问委员会内部，曾就此进行过长期而艰难的讨论。房屋租金在经营开支中占有很大比重。之所以最后做出购买店面这一决定，在一定程度上是出于经济考虑。但关键在于，至少在我看来，一旦买下店面，就使我们能够集中精力，拥抱顾客并扩大销售，不必担心头顶笼罩的乌云，不必担心某位大房东或房地产公司突然提高租金，因为有太多的公司遭遇过类似噩运。

自从拥有了自己的领地，我晚上睡觉也变得更加踏实。此外，10年之后，店面的地价如同我们自己家的房子一样，也涨了很多，这也为我们带来更多的财富。

当制订了公式并严格遵守时，你就会把好钢只用在刀刃上。

45 现金为王

由于我们拥有先进的电脑系统，所有经理都能立即获得同公式相关的详细情况。它还可以让我轻松地看到钱都花在了哪些地方，让拉塞尔和鲍勃了解订购情况及每笔订单的利润。我很喜欢阅读那些数据，记住当天的销售额、毛利润及银行里的现金数目，就像我熟知 20 世纪 50 年代纽约扬基棒球队球员曼特尔、迪马吉奥、汉克·鲍尔和吉恩·伍德林的击球成功率一样，或像我熟知扬基队已经打了多少场比赛一样。不了解情况的人，可能以为我只关心数据，实际上并非如此。了解这些数据的目的是使我更好地集中精力拥抱我的顾客。

每天清晨，在家喝第一杯咖啡时，我总是会查看前一天所有超过 2 000 美元的单笔交易，包括顾客、销售员和供应商等相关内容；在喝第二杯咖啡时，我会看销售和打折情况与去年同期相比如何。这些数据涉及另一个关键原则：现金为王。

永远都要牢记这个原则。早年我父亲并不特别关注现金流，导致某天我突然发现债务累计竟高达 6 万美元。父母不得不将房子抵押出去，才堵上了这个漏洞。我们绝不能再发生类似的事情。

1988 年，我们刚获准扩大韦斯特波特店的店面，随后便遭遇经济衰退，可我仍然打算扩充店面。那是一个关键时刻，顾问委员会中的所有外界顾问一致提醒我，在为扩建店面从银行借款之前，必须在银行中拥有 50 万美元存款。此时，我们还欠银行 100 万至 150 万美元。他们的意见使我发热的头脑冷静了下来。

鲍勃·马图拉是我们家族最好的顾问之一。他盯着我的眼睛说道："杰克，现金为王。手中有现钱，比什么都强。"我顿时醒悟过来，这也立即成为我们企业文化不可分割的一部分。

次日清晨醒来后，我就开始着手制订计划，减少库存、清理应收账款、审查开支，为进入拉塞尔·米切尔公式的时代做准备。逐渐地，那些债务烟消云散了。

从此之后，公司的首要财务原则便是现金为王。诀窍是在行情好时应坚持原则，这样便能从容应对经济不景气的时期。我们的战略是在保守持重的同时，采取合理的大胆举措。

多年以前，比尔和我在图森城外的一个小牧场参加一个会议，与会者包括来自全国各地的商店经理。我记得来自得克萨斯州的一位大零售商对我说："如果我没有花光石油紧俏时期赚来的现金该有多好！"他的眼中饱含着泪水，虽然商店幸存下来了，但是他们正面临巨大的挑战。

当时我便发誓，只有攒下了现金，才能投资新店。现金为王，我可不愿步这位朋友的后尘。

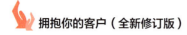

我认为，有三个"C"要格外引起注意：

"Customers"顾客：你需要经常拥抱的人。

"Community"社区：我们需要承诺对居住的社区提供服务和回馈。

"Cash"现金：现金为王。

46 如何使公式发挥作用：
全体成员都严格遵循

要使公式发挥作用，公司全体人员不仅要理解它，而且必须全身心地予以实行，使它成为公司文化密不可分的组成部分。每个人都必须清楚何时应该花钱，何时不应该花钱。

下面是一个典型事例，说明了全体员工严格遵循公式的意义所在。新建的理查德服装店开张几个月后，在一个特别繁忙的星期六，财务审计员托德·邦纳自告奋勇要求在大堂帮忙。

在一个以顾客为核心的企业里，这种情况十分常见，因为在比赛日里，所有人都会参与卖衣服。由于售鞋部忙不过来，因此托德去那里帮助售鞋部经理布鲁斯·凯利卖鞋子。他很快便成功卖给一位先生七双爱德华·格林牌皮鞋。那可是笔好买卖，每双鞋价格在 550 至 750 美元之间。

后来，托德找到我并说道："杰克，我想我们应该送一些鲜花给那位先生的夫人，因为是她不断地让我们拿鞋给她丈夫试穿的，她确实帮了我们大忙。"我心里则想："这是什么审计员？愿意去花本来不必

207

花的钱。"实际上，他才是对的，他既掌握了公式的精髓，又严格按照公式来办。他明白，花上 100 美元买些兰花将感动顾客，因此必须花这笔钱。这是笔聪明的投资。而且，这位审计师还做过多次这样的事。

还有一个故事，海伦·科特是我们的信贷部经理。许多人对信贷部经理都没有好感，当他们打来电话时，便意味着哪怕你没钱也得还钱。然而，海伦很自豪于自己能够拥抱那些欠款的顾客。她的秘诀是，她总是很通情达理。如果人们对她坦诚，她也将给对方足够的回旋余地。

无论人们多么有钱，都可能会遭遇破产，或陷入严重财务危机。有位顾客就遇上了这种艰难时刻，欠下了我们巨额的债务也已经到期了。海伦与多数信贷部经理不同，并未死缠烂打要求还债或者整天絮絮叨叨，她只是时不时打个电话，热情地询问她的顾客最近怎么样，家庭能否维持，弄得他搞不清她为何会对自己这样好。

海伦很客气地制订了一个那位顾客可以承受的五年还款计划。实际上，当他最终缓过劲儿来之后，首先全额支付的就是我们的账单。他很感谢海伦的善解人意，并且告诉她："海伦，你花费时间了解情况并且对我抱有信心，我很感激你在这段时间里的理解和关心，我永远都欠你的人情。"

圣诞节时，他为了表达自己对海伦真挚的感激之情，送给她一束美丽的鲜花。正是在此期间，他支付了拖欠我们的全部款项。

当所有人都完全遵循公式行动时，整个企业都清楚应如何恰当运用资金，甚至连精打细算的审计都会一反常态。

47 诚信高于一切

我在前面曾经提及，但仍想再强调一遍：诚实必须融入公司运作的每一根神经，尤其是财务问题。我相信通过建立拥抱文化，所有人会像家人一样相互关心，便不太可能发生像安然或世界电信那样胡作非为的事件。如同所有诚实经营的商人一样，我对那些公司所发生的一切感到震惊，同时很同情所有受害者。

毫不夸张地说，我们的企业中绝不会发生这种事情。多年以前，我们店里曾经发生过一次盗窃案，被盗物品价值超过 10 万美元，这在当时来说绝对是笔巨款。向保险公司提出索赔后，他们派出审计员调查索赔金额。他们花了好几天时间清查我们的账目，最后，主审计师专门来问我："你们真的没有另外一套账本？"我答道："当然没有。"他的回答吓了我一跳："许多小型零售商都另有账本。"我们只有一套账本，诚实的账本。公式里绝对少不了诚实这一元素。

拥抱指南

拥抱会带来丰厚的利润

招揽最好的销售员和团队成员，有助于降低传统营销开支，毛利率将会更高，年收入长期保持稳定，不会出现剧烈波动，房租开支也会降低。

制订一个公式

分析你自己的财务公式和财务准则，使全体员工都明白拥抱和赚钱如何相互促进，其根本原则在于你只把钱花在顾客身上。

现金为王

你必须在经济状况好时坚持这一信念，这样才能顺利度过困难时期，才能进行再投资。

所有人必须积极配合以确保公式发挥作用

会计尤其要做到。

所有行动必须遵循诚实的原则

特别是在财务问题上。

HUG
YOUR CUSTOMERS

第7章

我们"爱"错误

犯错时该怎么办

—

错误并不可怕，
但是当它第一次出现时就必须重视起来，
并努力纠正。
不要推脱，不要搪塞，勇敢承认，
如果实在行不通，就应该立即放弃。

48 是挑战，而非问题

任何公司都会出乱子。这是必然的，因为你是在和人打交道。出错时，大多数公司都会本能地转入防御，我们如何才能瞒天过海？如何才能推卸责任？如何假装此事从未发生？

其实，这时才是真正展现能力的时刻。

我们从不将错误视为耻辱，而宁愿将之看作挑战和机遇。当你改正错误并能使顾客格外满意时，原来的错误会产生良好的效果。正因如此，当我们出现失误时，便会尽最大努力予以纠正。

实际上，一些令我们印象深刻的事都同纠正错误有关。这也再次说明了拥抱的重要性。你同顾客的关系越牢固，就越容易纠正错误。同顾客建立良好的关系有助于公开坦诚的沟通，更别提"请原谅"之类的小事了。

我们曾干过一件蠢事，直到今天我仍经常自嘲。有位大客户希望以最好的形象出席一次商务会谈，便从我们店买了套漂亮的牛津式西服。过去，我们从不把衣服送到外面的裁缝店。因为如果那样做，我们便无法控制质量。但当时正在举行大型打折销售活动，大家都忙得不可开交。这套西服只需将裤腿改短，谁会连这点事都搞砸呢？

裁缝们往往喜欢在裤腿上用粉笔画条道，以表示应该裁短的位置。偶尔，裁缝为提醒顾客如何挂裤子，会在膝盖处用别针将裤腿别起，然后用粉笔打上记号表明折叠裤子的最佳位置，然后再取下大头针。我们的裁缝就是这么做的，随后便将裤子送了出去。

谁知道外面裁缝店的人是怎么想的，反正他们看到膝盖处的粉笔记号，就将裤腿从那里裁短。他们将西装裤改成了一条百慕大式短裤！这套西服送回店里，我们没有注意看便给顾客送去了。他当然发现了这一点。幸运的是，我们和他的关系极好，而且这位顾客也极富幽默感。比尔还记得，当他给我们打电话时，几乎笑个不停。比尔诚恳地向他道了歉，并告诉这位顾客可在方便时赶到店里来，我们已经为他准备好了一套新西装。

自从这段小插曲之后，我们再也不将衣服送到外面去改，因为不想再冒失控的风险。由于处理问题方式得当，这位顾客还将关于百慕大短裤及我们如何迅速改正错误的故事告诉了他周围的朋友。

当你犯错时，顾客肯定会记住。但他们记得最牢的，还是你如何弥补错误。

正因如此，在我们店里常常有人说："我们喜欢错误。"这话听上去挺不靠谱的，实际上却很有道理，同时也是拥抱文化的一部分。原因很简单。首先，人无完人；其次，通常只有犯过错误才能做得更好。詹姆斯·乔伊斯（James Joyce，爱尔兰作家和诗人，20 世纪初最重要的

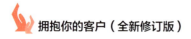

作家之一）曾将错误称作"发现之门"，我很赞同这个说法。有时候，错误是学习新鲜事物、提升服务水平的最佳途径。当然，如果你不吸取教训，错误也就没什么用处。但是，如果你的确从中学到了一些东西，那么犯这些错误就完全值得。

建立一个坦率、诚实和开放的组织结构非常重要，这样别人既可以帮助你也可以从你身上吸取经验教训。

请不要误解我的意思。这不是说我们鼓励所有人每天都犯一大堆错误，而是说我们懂得生活中充满着好与坏、完美与缺憾、胜利与失败。如果你不努力寻找并尝试新的方法、主意、组合、人员、计划和生意，你就永远不会知道自己能做到什么程度，但在此过程中，你肯定会犯错误，没有人能百战百胜。

回顾历史，我们曾做过数以万计的生意，每一笔都有犯错的可能。但实际上真正犯的错误寥寥可数。如果你能够经常练习，采取"阻截和擒拿"战术，就能够做到这一点。

所以说，我们的哲学并非希望人们犯错误，而是希望人们知道我们并不像某些老板那样害怕犯错。我希望员工在有机会时勇于尝试3分球，而不必担心如果射失了会坐冷板凳。相反，他们将因勇于尝试而受到鼓励。只有在这种气氛中，人们才会感到心情舒畅。

㊾ 五步纠错法

既然知道人们难免会犯错误，就应制定一套所有人都能理解并遵守的系统性应对措施。在我们公司，实行的是五步纠错法，如果能够恰当运用，大家都会感到满意。

认识错误

如果不能认识到错误，就不可能采取任何纠正措施。当然，有时双方都能认识到错误，有时则只有我们认识到。

承认错误

千万别藏着掖着。不要试图隐瞒错误或推卸责任，例如说"哦，这一定是送货的小伙子干的"或"一定是电脑出了问题"之类的话，而应将它们看作宝贵的学习经验。

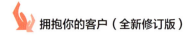

　　有时，即使是别人的过错，我们也会主动承担责任。例如一件衣服在制作过程中出现瑕疵，或者颜色不对。但无论如何，在爱斯卡达或杰尼亚的商标旁也有我们的商标。顾客退货时，不会去找杰尼亚公司，他们会要求米切尔或理查德服装店解决问题，指望菲丽丝或约翰来处理，因为他们与销售员保持着亲密关系。正像当汽车座椅有异常声音时，我会期待经销商来修理，而不是指望汽车制造厂一样。

　　多年以前，我和妻子打算建个游泳池。这在当时对我们而言可是一笔很大的开销。我们选择了一家当地的游泳池建造公司，这是一家已经传至第三代的家族企业，享有很高的声誉。我想，你们大概知道池沿上部贴的那些瓷砖吧？有一天，我提前半小时回家，想看看工程进度。结果发现，瓷砖的颜色并不完全相同，有些是浅蓝色的，同旁边的蓝色略有不同。两种颜色非常接近，都属于蓝色系，但看起来就是不一样。

　　我气得发疯。实在难以想象，一家高级游泳池建造公司怎么会把不同颜色的瓷砖贴在一起？于是我打电话向那家公司的老板乔·斯科特抱怨，因为正是他向我兜售的游泳池。他让我消消气，然后耐心解释道，每块瓷砖都是单独烧制，所以颜色不可能完全相同。

　　"我不管，"我说道，"它们看上去太难看了！"他说："杰克，没什么大不了的，我们可以明天就返工，把所有瓷砖都铲掉，或者你说铲掉哪块就哪块，然后我们会换上颜色完全一样的瓷砖。"随后他又补充说道，"请相信我，杰克，当池里灌满水，光线反射进泳池后，你决不会再说这些瓷砖不搭配了。它们看上去会很不错。"

就这样，通过承认错误，直截了当地表示将立即赶过来并铲掉所有瓷砖，而不是找借口辩解，他顺利地让我消了气，重新恢复了对他的信任。而且当游泳池灌满水后，那些瓷砖看上去的确不错。

这也是我们化解顾客愤怒的方法。我们总是说"那是我们的错。咱们看看有什么解决办法吧"，而不会说什么"如果""但是"之类的话。这样便可使顾客立刻冷静下来。

道　歉

你必须迅速道歉，不是两三天后，更不能是两周后。拖延的时间越长，顾客的怨气便越大，化解起来也越难。此外，他还可能向妻子、朋友、邻居甚至邮差抱怨你犯的错误，而这些人又会在别人面前说你的不是。你还没弄清楚怎么回事儿，劣迹便已传遍全镇。仿佛突然之间，你就已经臭名昭著了。如果你能迅速道歉并采取补救措施，情况就将截然相反。顾客将告诉其他人，你是如何出色地处理问题，于是坏事会变好事。

解　决

以双赢的方式解决问题。有一次，一位女士从我们店买了件礼服。两天后，她要出席纽约市一次非常重要的正式活动。为这位女士服务的销售员是贝弗利·马丁，同时也是我们店的经理助理。贝弗利告诉顾客："请放心，我们会把这件漂亮的礼服在当天下午3点半送到你家里。"由于贝弗利头一天值夜班，那天下午1点，贝弗利上班后的头一件事，便是去裁缝部那里看看礼服是否改完，以便交给送货员，及时送到顾客家。

麻烦了！她竟找不到那件衣服！贝弗利很快便发现，由于礼服挂错了衣架，已经由UPS公司送往顾客家，下午5点左右才能送到！但是那位女士下午4点就要出发去纽约。当我听说此事时，发现贝弗利吓出了一身冷汗。"这是你的失误，贝弗利，"我说道，"让我们看看还有什么补救办法。"

贝弗利调整了一下情绪，鼓起勇气给那位顾客打电话并告知了实情。她对自己的失误深表歉意，并表示正采取一切措施找到那件礼服。如果实在找不到，她还准备了另一套礼服，看顾客能否先将就一下。

丹·科特是理查德服装店的送货员。他打电话给UPS公司，告诉他们有件急事，必须马上找到这辆送货车。对方告诉他一个极少人知道的专用号码，并告诉他送货车目前正在路上，距那位女士家还挺远。"只要告诉我那辆卡车现在的位置就可以！"丹恳求道。

丹得到了15分钟后送货车将要到达的地址，随后便轮到罗宾·阿德尔曼出马。罗宾有辆新车，配有GPS系统，可以告诉你前往某地的最快路线。她跳上自己的汽车，以闪电般的速度找到了那辆车。送货车当时正停在某人家门口，司机正在送一个包裹。罗宾先向司机说明了身份，免得被当作企图抢劫送货车的女疯子，随后便爬上车厢，在包裹堆里飞速翻找，终于找到了装礼服的包裹。她跳回自己的汽车，飞一般向顾客家驶去，提前几分钟将衣服送到。

　　这位顾客非常高兴。她在舞会上成为众人瞩目的对象，于是次日又打电话给贝弗利，热情洋溢地感谢其所做出的努力。这就是拥抱！

给顾客一个拥抱

　　纠正了错误还不算完，还应给顾客一些惊喜，比如一封个性化信件、一条免费领带、一束鲜花等，以此让他们印象深刻。

　　我的一位朋友最近租了一辆汽车，但是却得去一个以前从未去过的地方还车。她费了好大劲才找到还车的地点。当她终于站到结账台前时，便决定再也不跟这家租车行打交道了。但接待她的职员不但保证将设立新标志以提示顾客应如何到达，而且还送了一张免费租车券，随便什么时候用都可以。我的朋友说道："现在，我实在不能生你的气了。"如果你真想纠正错误，就必须建立一套全体员工都严格遵循的机制。

50 别惩罚，多安抚

在大多数时候，我们都能依靠纠错机制使所有人都皆大欢喜。即使结果不尽如人意，我们也从不追查罪魁祸首，更不会将其清除出局。那不是我们的风格。我们会进行检讨，查出为何犯错，改进我们的系统，防止再犯类似错误。我们的一个重要原则是，任何人都不会因为犯错而受到羞辱。当有人犯错时，无论事态大小，我们都会解决问题。我们不迷信惩罚。我是从抚养孩子的过程中获得的经验。

在孩子们小时候，我们常带他们去佛罗里达的庞巴诺海滩看望爷爷奶奶。我们总是光顾劳德戴尔堡一家波利尼西亚风格的马凯餐馆。拉塞尔特别喜欢那个地方。1974 年，当时他刚好 11 岁，正因为一些事情而吵闹不休。那件事显然不值一提，因为我甚至忘了到底是什么事情。我气得要命，就对他说："好，你不能去马凯餐馆。"他怒气冲冲地跑回自己的房间，不肯跟我说话。我很健谈，习惯于通过交谈解决问题，但是拉塞尔一直躲着我。

当时，我在床头柜上恰好放着一本书，是托马斯·戈登（Thomas

Gordon）写的《如何培养负责任的孩子》（*P.E.T.:The Proven Program for Raising Responsible Children* ）。它为解决家庭冲突提供了具体建议，以争取实现共赢。该书的基本意思是，你上学是为了当医生、律师或印第安酋长，而你却突然为人父母，但从未有人教过你如何为人父母。根本没有"如何做父亲"或"如何做母亲"。你甚至同自己的父母之间都存在着爱恨交加的感情，这也影响到你抚养孩子的方式。如果你的父母过于专横，你会尝试不像他们那么做，如果他们放任自流，你会尝试更严厉一些。也可能两种方法你都会采用。

该书介绍了一些技巧，敦促人们耐心倾听孩子们的心声，然后再表达自己的看法。如果你无法使他们信服，你不能因此而酗酒开车，因为那样可能会导致撞车事故，最终害人害己。你们必须进行一次"头脑风暴"并且达成妥协。如果你错了就应该道歉，而不是打他们一顿，开车出去乱跑，或不让他们去某个餐馆。这本书还建议，必须找个地方进行谈判，不管是在联合国大厦还是在客厅，最终达成对父母和孩子而言都可接受的双赢方案。

我整晚都在读这本书，我完全接受书中的观点，我犯了错误。我想带着儿子去马凯餐馆，甚至可能比拉塞尔还想去。我的所作所为其实也惩罚了自己。第二天，拉塞尔扛着汽车内胎去海里游泳。于是，我也扛了条内胎，划着水游到他身边。我对他说道，爸爸错了，让我们去马凯餐馆，坐下来谈谈各自的想法，寻求解决问题的办法。我们就这样做了，而且我还告诉他："我再不会惩罚你们了。相反，我们要一起解决问题。"

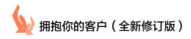

这本书给我提供了一个公式，作为抚养孩子成长的指南。我学到了不少知识，并运用在生意中。"安抚"也完全融入了我的性格，指导我在一般情况下和解决冲突时应如何进行沟通。

所以我们不要尝试使用惩罚手段，而应同员工们共同"头脑风暴"，寻找解决问题的出路。无论何时，当店里出现问题时，我总是对自己说："让我们'安抚'它吧。"

51 如何避免连续犯同样的错误

　　我们不会因为犯一次错就气得发疯，但是如果同样的错误连犯两次，我就会认为是件大事。人们的耐性毕竟有限，如果有人来店三次，每次都碰上些倒霉事，那顾客肯定会跑到其他商店买东西。

　　想想你有多少次去一家餐馆，不但预订的座位没给保留，而且四周全无空座？第一次发生这样的事情，如果你真心喜欢那里的食物和气氛，可能还会表示谅解。但如果再次发生同样的事情，他们便可能失去你这位顾客。

　　我给自己定下规矩，永远不要空口许诺，而要全力以赴去做。我曾读到过这么一句话：**失败者喜欢许诺，胜利者则全力以赴**。你无法实现全部许诺，但只要全力以赴去做，人们便会明白你已经尽到最大的努力。全力以赴去做一件事，就是避免连续两次犯下同样的错误。

　　经常会出现这样一些情况。比如，我们承诺周二晚上将衣服准备好，以便顾客出席某个活动。但是，有人错把周二写成了周三。于是那位顾客如约而至，但衣服却未准备好。我们会诚恳道歉，立即放下手头所有工作，马上改好衣服，交给顾客。

　　一般来讲，如果建立了良好关系，顾客都会表示原谅。我们都是普通人，并且及时采取了补救措施。但是，销售员应在顾客资料里做记录，以便在其下次购物时格外谨慎，避免再次发生相同失误。如果再次犯下类似错误，顾客便会认为我们粗心大意或制度有问题。

　　顾客的中间名缩写，任何商店都应特别注意。为什么这么说呢？因为许多顾客的姓名都相类似。在我们店的顾客中，常常会有 10 至 15 个"约翰·史密斯"。过去，我们偶尔也会将包裹送错。直到搞清所有顾客的中间名缩写，并且特别关注这个问题，才杜绝了类似事故。实际上，"约翰·史密斯们"在自己的生意中，相互之间都会经常搞错。当他们发现有家商店从不会将订货搞错时，你能想象到他们的感觉有多棒。你会惊讶于重名的现象在顾客中是如此普遍，即使是在一家不大的商店。

　　技术的重要性也正在于此。我们搞到顾客的中间名缩写，并将其输入电脑系统以避免犯错。我们设置了各种预防措施，而且还在不断增加。例如，系统会禁止你输入 5 000 美元一条的领带或 850 美元一双的袜子等内容。如果客服人员忘记输入降价信息，男装降价信息会自动输入，系统会自动显示打折价格。

　　你如果在第一次犯错时便重视起来，就可以避免重蹈覆辙。

52 有时你必须放弃

在商业创意方面，你不能过于骄傲或固执己见。如果有些事情真的难以成功，那就只有一个办法：立即放弃，而且要快。一旦犯错也不必过于自责，而要善于吸取经验教训。

我在商业创意方面犯过的最大错误，可能是在 1989 年或 1990 年时成立团体服装服务公司。此事源起于一个简单的发现。在 20 世纪 80 年代，我们售出了许多男式西服（还有蓝色夹克和灰色裤子）。我们卖出的西服有 25% 至 35% 都是蓝色、灰色，或者是蓝色条纹和灰色条纹。可能，还包括第五种，即威尔士亲王式的格子花呢西服。这几种西装布料不同，质量不同，价格也不同，构成了我们生意的主体部分。

如果你走进康涅狄格州或纽约市任何一家公司总部或办公室，约有 80% 的男士甚至还包括不少女士都穿着这种"制服"。人们大概还会记得女士们系的那种蓬松可笑的蝴蝶结。约翰·T. 莫罗（John T. Molloy）撰写了《穿出成功》（*Dress for Success*）一书并赚了不少钱，但他在书中居然建议穿着这种制服。

除这个简单的发现以外，我还接到过彼德·费保打来的电话，他是必能宝公司的副总裁。必能宝公司制造邮件收发机，就是用来贴邮票的机器，总部位于康涅狄格州斯坦福。彼德明白公司制服给顾客留下的第一印象非常重要，所以想让我帮忙解决一个问题。

他雇用了 7 000 至 10 000 名维修人员，经常要去通用电气公司和米切尔服装店、理查德服装店等处，修理出故障的邮件收发机。问题在于，他们看上去不像是能修好机器的人。这些维修人员，身穿肥大邋遢的衣服，同施乐公司或 IBM 公司的员工相比相形见绌。那些人在修理打印机或电脑时，都身着蓝色西服、白色衬衫并打着领带。

彼德进行了一个简单的实验：他给达拉斯一家维修部的所有维修人员发了西服，而另一家维修部的全体员工仍穿原来的邋遢衣服。结果，所有客户都狂热地吹捧那些身着西服的维修人员，尽管实际上他们并没彻底修好机器。但不知出于什么原因，这些公司都认为他们较为出色。必能宝公司收到的反馈称："很不错，这人一来就修好了机器。不过，三四个小时后就又不行了。"

这下你该明白了：服装能够改善职业形象，甚至会使客户给出高于事实的好评。在这个小实验后，彼德要我在堪萨斯城为地区经理们举行一次研讨会，题目便是我现在所说的"服装问题"。我强调了服装在给顾客留下第一印象方面的极端重要性。

研讨会结束后，我同必能宝公司的八位地区经理共进晚餐。他们都向我咨询："在哪里可以买到这些样式的西服？"我问道："你住在哪里？" 其中一位经理住在匹兹堡，于是我建议他可去拉里摩尔服装店。另一位住在西雅图，我问他为何不去马里奥服装店？如此这般，你大概已经明白了，他们不知道去哪里买以及可以信任谁。他们问我："你能去我们公司讲讲吗？你能出版一本服装公司目录吗？"

随后，我返回了自己的服装店，不到一年便组建了一家新公司，给康涅狄格州法尔费尔德县的所有公司打电话，向员工们推销制服。我觉得我们的行动颇似扫荡街头流氓的执法者，实际上的确还在诺沃克租了间办公室。我们配备了衣架以放置西装和运动服，并派一名经验丰富的销售员常驻那里。

尽管我们满怀希望，但最终证明这是个空想，我们犯了一个严重的错误。不到一年，我们便关闭了公司，还损失了许多钱。更重要的是，我们迷失了方向，浪费了大量的时间。我深信能做成许多生意，但事实证明自己错了。

当然，我学到了许多东西。我们没有接到订货，因为美国商界领袖不愿硬性规定经理的着装。他们觉得要求部下衣着得体并没有错，但强令所有人都穿同样的衣服就不好了，那样做就未免太过分了。不过，我如果没试过在50码外射门，自然也就无法理解什么是好高骛远。

我学到的重要教训，就是当无法取得预期效果时，千万不要让痛苦延续下去。纠正错误的最佳办法，就是果断放弃。

53 主动与客户沟通："我们做得怎么样？"

当错误发生后，如果顾客知道而你还不清楚，是最棘手的情况。因为如果你不清楚，就无法采取补救措施。所以必须鼓励顾客及时与你沟通，而不是选择保持沉默或干脆不来。

有一次，一位先生走进店里，比上次来时胖了不少。当他挑选一件夹克时，旁边的销售员摇了摇头说："我觉得这个样式的夹克不适合你。"那名员工并非有意羞辱这位先生，但在顾客看来，他的意思分明就是：胖人穿这种样式不好看。这位先生非常生气，不再光顾我们店。比尔十分纳闷，便上门拜访这位先生，以其独特的方式解决了误会。**我们如果不主动与顾客沟通，就会把顾客拱手让给自己的竞争对手。**

无论何时，我们总是向顾客说明，我们只是普通人，同样也会犯错误。但是，我们真心希望吸取教训。虽然同任何人一样都会因受表扬而心情舒畅，但我们绝不想光从顾客那里听到赞扬。我们希望了解他们讨厌的东西，以便能够加以改进。如果不告诉我们何处犯了错误，我们怎么能够加以改正？

正因为如此，我们反复询问顾客：我们做得怎么样？我们依靠外界独立渠道了解情况。15 年来，我们经常对特定人群进行普查，或者对顾客进行电话调查。最近，我们发现书面调查能够获得更好、更坦率、更真实的信息，特别是我们还聘用了一个非常专业的调查公司。

我们每年进行两次或四次问卷调查。最近一次调查表明，94% 的顾客对购物体验极为满意或非常满意，较去年同期的 91% 有所增长。舒曼研究集团董事长鲍勃·舒曼告诉我们："我从没见过这么高的比例，甚至私人银行客户的满意度也没有这么高！"

鲍勃·舒曼曾对各行各业做过成千上万次顾客反馈调查，他的褒奖让我们感到无比兴奋。几年来，我们一直雇用专业的调查公司来分析调查结果，并得出结论，既然我们总是在调查中获得如此高的分数，就应该将时间和资源应用在获取更多新顾客的工作上。

在调查表末尾，我们总是鼓励顾客注明真实身份。我们希望知道填表者的姓名，特别是在他们提出抱怨时，我们就可采取特殊措施专门解决相关问题。我的儿子鲍勃·米切尔立刻私下联系了给出负面评价的客户（因为客户标注了真实身份，我们就默认为客户允许我们去主动联系他们），寻求改进方案。我和鲍勃经常为不满意的客户提供补偿型的"拥抱"。

同顾客建立关系有一个特别的好处，那就是他们不会直接将你的调查表连同那些垃圾邮件一起扔掉。不过，作为额外的拥抱，我们还会送给顾客一张礼品券。这会鼓励他们花些时间坐下来，考虑一下提出的问题，选择答案并作些评论。他们愿意帮助我们，他们关心我们，

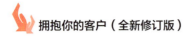

希望我们干得更好。反过来我们也是如此。他们知道我们会倾听意见，我们也的确会那样做。

最后，许多接受我们调查的顾客还会用那张礼品券，到我们店来买些东西。于是，调查最终变成了提高销售额的发动机。

当顾客有什么新想法时，顾客经常会直接写信给我们。有一天，一位女士抱怨说，招待区的热水器可能会烫伤顾客。我立即给她发电子邮件表示歉意，并表示我们会立即修好水龙头。我们也的确这样做了，安装了新型热水器，更方便也更安全。

你如果确实想改正错误，那么必须让顾客坦诚地说出不满。你们之间的私人关系越亲密，他们说出来的可能性就越大。

拥 抱 指 南

错误是挑战和机会，而不是问题

英雄行为诞生于错误之中。顾客会牢牢记住你犯的错误，但记得最牢的还是你如何解决问题或纠正错误。

遵循五步纠错法

承认错误，承担责任，表示道歉，纠正错误，拥抱顾客。

不要指责任何人

不要因犯错而惩罚任何人，而应想方设法避免再犯，确保所有人都心情愉快。

不要重犯相同的错误

错误犯一次就够了。对错误进行记录，避免某位顾客连续遭受同样的折磨。

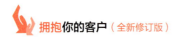

如果某件事行不通，就放弃它

有时候，处理生意失误的最佳办法，就是干脆全部放弃。

询问顾客你做得怎么样

发现问题的唯一途径就是询问顾客，因此要注意倾听和吸取教训。

HUG
YOUR CUSTOMERS

第 8 章

拥抱也要未雨绸缪

如何应对不可预知的挑战

当天花板塌陷、
地下室洪灾来临时，
要如何应对？

54 挑战来临时如何让客户"免受颠簸"

无论你在"拥抱客户"上做出了多大的努力，在企业发展和摸索的过程中，一些"颠簸"总是在所难免。环境中潜在的、超出你预期和能力范围的危险总是神出鬼没，一旦碰上个厉害的，说不定整个产业都会赔进去，比如经济衰退。没人喜欢销售额暴跌，但一经出现，无论你的企业多么重视"拥抱客户"，都不免受到冲击。但你需要做的是，不要让顾客察觉到你的"偷工减料"。

在 1989 到 1991 年间，我们经历了后来被我们称作"至暗时刻"的低迷期。库存堆积如山、应付账款不断增加。我们产生了几项重大的支出，但销售额却在暴跌。一些重要的客户相继破产，大量应收账款无处讨要。我们需要帮助。

我们的顾问团强烈建议，雇用一位技术过硬的财务董事来协助我和比尔。我们虽然有些远见、工作也称得上勤勉，但还是远远不够。通过寻找和筛选，我们一致认定我的长子鲁塞尔可以胜任这个角色。不久之后，因为男装部需要采购人员，我的儿子鲍勃进入了公司；同时，女装部的采购主管回家做了全职妈妈，我的妻子琳达也成了企业的一员。

就在短短的一年半内，鲁塞尔搞定了财务问题，鲍勃和琳达开始熟练地应对库存和销售的问题。他们与我和比尔通力合作，创造了一种高效、专业、互相促进的合作模式，顺利地将企业送入"黄金期"。

我们做出了许多重大的调整，但也小心翼翼地避免任何针对客户的负面影响。比如说，在长达半年的一段时间内，鲁塞尔建议由我来签支票。一段时间之后，鲁塞尔自己接手了这项工作。我之前从未注意到，如果老板能自己去签支票，竟然能节省下来如此多的支出。这就像加班一样，即便你说了"不想加班"，但加班就这么实打实地发生了。

助理总是对工作鲜有耐心，随着时间的流逝，工作态度也会越来越潦草。但当我开始签支票的时候，加班的情况就不再出现了。比尔和我大幅削减了自己的薪水，取消了所有长途出行，停掉了诸如"品牌广告"等收入，因为我们认为直接接触客户才能创造更好的口碑。我们还从外界雇用了咨询专家，每月检查各种品类的库存。

琳达曾在自己家族的服装企业中做过采购，经验丰富。要是没有她，我们的女装部可能就解散了。虽然很多优秀的助理为女装部的发展做出了不菲的贡献，但如果没有琳达，一切都是白扯。在此之前女装部的边际利润较低，但琳达扭转了这 局面。她深入研究，决定选购品类，亲自参与计算。

经过我们一家人的努力，我们不仅成功活了下来，甚至还开始盈利。在两年的时间内，我们就成功扩建了韦斯特波特的店铺，还在积极谋划格林威治的第二家店。

直到今日我仍旧相信，我们企业文化最大的改变，就是将目光放在了现金流之上，就是在经济危机时期，我们才树立起"现金为王"这个理念。

大多数家族企业在经济景气时确实干得不错，但经济一旦萧条了，就束手无策，开始流失利润，债台高筑。

而我们则不一样，经济景气时我们能欣欣向荣，不景气时也能游刃有余。听说，佛罗里达州的居民总是在飓风来袭的前一刻才开始排队购买手电筒和加固窗户的胶合板，但这不是我们的风格，即便晴空万里，我们也会在家囤积好蜡烛和皮艇，以备不时之需。

因此，当经济危机真正来袭时，我们早就做好准备了。在下一章中，我会给大家讲一讲，我们是如何应对有史以来最大的金融危机的。

55 应对新现实的三个策略

当 2008 年的国际金融危机到来时，没人曾预想过它的破坏力会如此之强。当它真正到来时，和其他企业一样，我们就像被扇了一巴掌一样。我有生以来第一次感到，未来变成了一片混沌。鉴于我们曾对金融危机做好了充分准备，我们清楚自己肯定能在这逆境中存活下来。我们也知道，整个家族势必会团结一致，因为我们价值观之间的羁绊势必要比这时速 80 千米的飓风更强大。

但面对的新现实是，我们没法预测销售额。毕竟，几乎所有的客户都受到了金融危机的直面冲击。

当所有大客户停止消费的时候，我们的销售模式出现了天翻地覆的变化。曾经有那么一段时间，我甚至觉得在过去的五年中，我们的主营业务已经从品位独特、价格昂贵的美物转变成了像爆米花一样廉价的东西。

为了应对这种变化，我们及时提出了一个既有野心、又脚踏实地的积极策略。策略由我们现在的联合主席鲁塞尔和鲍勃主导，最终大获成功。我们将其称作"新现实"策略。

我们的策略主要体现在三个"A"上，即态度（Attitude）、分析（Analysis）、行动（Action）。

我们首先需要应对思想层面的问题，转变思路，随后就会发现有许多因素需要鉴别和分析，最终再笃定地采取行动。

最关键的是，我们需要得到企业全体成员的信服。毕竟在环境严峻之时，没什么比内部团结更重要了。我们需要企业的管理层和每一位成员都为了目标共同努力。不仅如此，我们还要求自己严格遵守纪律。我从来都不喜欢"纪律"这个词，因为听上去好像会和"惩罚"联系在一起。每次听到的时候，我都感觉自己会被打屁股。这是个带有负面意味的词语，我喜欢积极的词语，而且执拗地只使用它们。

但当此严峻的时刻，我明白"纪律"这个词也是带着积极意味的，它要求我们精神高度敏锐和集中，坚定不移地做好该做的事。如果没有纪律，我们就会陷入混乱、债务、萧条、甚至破产。因此我开始崇尚纪律，并向自己灌输"我们的家族企业也要严格遵守纪律"的观念。

下面我们就来看一下，"新现实"策略中的三个"A"有着怎样的作用。

态　度

◎ 态度意味着要提供一种愿景，不仅要满怀希望，更要制订一个透明的计划，来帮助家族渡过难关。这意味着接受"我们必须做出牺牲、加倍努力"的现实，但也要坚信"我们最终能够存活下来，而且能活得越来越好"。

◎ 要坚定不移地坚持核心文化，在我们的企业中，"拥抱客户"就是核心文化，因为这是我们白手起家的依仗和资本。即便顾客数量减少，甚至没人上门，也要鼓励所有的销售员持续和客户保持联系，将家族的拥抱文化贯穿到每一通电话、每一封邮件中。

◎ 保持积极心态的同时，也要实事求是。在你无法控制销售量的时候，你能控制的库存其实就是没有变现的现金流。我们的做法是，根据不断减少的销售量及时调整库存。

◎ 保持精神和身体的健康，别犯懒，该去健身房还是得去。

◎ 诚心相守，不管是针对你的员工还是客户，在这段关键时期内，不要让他们忘记你的身影，要让他们感受到你身上洋溢着的信心，这会帮助他们渡过难关。

分　析

◎ 现金为王，没错，我又说了一遍。"现金为王"的哲学让我们在上一次经济危机中活了下来，还积累了人量的现金。我们不仅没有丢失从 1991 年来积累起来的任何资产，还将它们做了投资，其中最重要的就是对人员和设施的投资。我们雇用了优秀的员工，向他们提供了拥抱，还获得了

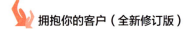

"回抱"。在经济景气的日子里，我们会给员工发放额外的奖金和补贴，共享幸福，这是对他们辛勤劳动的补偿，我们都获得了财富。这也意味着，即便在经济萧条时期我们发不出补贴，员工也会表示理解，并一如既往地支持。

◎ 无论你现在的销售额是多少，在历史中寻找销售额相同的年份，对照看一下有哪些支出和费用是可以削减的。比如说，如果你的销售额降低了30%，和你在2006年的销售额持平，那么就看一下公司在2006年都有哪些支出和费用，再做出相应调整，要记住，你在2006年的时候可是赚了钱的！

◎ 基于"企业能在经济衰退中存活18个月"的计划，设定一个新的现金计划，并为每一个项目设置一名责任人。我们的计划包括库存、应收账款和人员情况，这里的人员情况指的是真实的员工数量，即那些你不能辞退的员工，以及贷方项目。你必须搞清楚账户所在银行的存活情况，并及时和各位责任人分享。

◎ 分析你的顾客。依托客户数据库中的信息来联系顾客，尽量邀请他们到店，即便不买衣服，来聊聊天、喝杯咖啡也是好的。经济危机的风波总会过去，我们必须确保顾客的忠诚度，以便在他们对新衣服和珠宝有需求的时候，能够第一时间想起你。

行　动

◎ 不管是工资支出、供应商付款还是其他需要签字的支票，
都必须由家族企业的首席执行官、运营主管或财务主管办
理，至少要坚持三个月。之后你会发现这些事务原有的人
力成本可以很轻易地节省下来。只要是无法直接接触客户
的工作环节，你都可以进行分析，看看究竟还有哪些成本
和费用是可以节省下来的。

◎ 所有坦诚的对话都是有用的。在店铺中每个月都应该召开
例会，向员工分享目前计划落实的进度，来打消员工脑海
中所有不必要的猜疑和困惑。实际上在 1990 年之前我们
并没有形成这项机制，因为当时店铺规模还小，所有人都
知道工作进度如何。直到 2008 年，我们将每一次例会都
称作"新现实"，并延续至今。做到 110% 的透明和坦诚
是非常有必要的，只有这样才能获取员工的信任。

◎ 要从实际角度出发，对盈亏和现金流进行设想。正如我
在"分析"一节中提到的，挑选一个和目前销售收入相
同的年份，并将当年的支出和费用作为基准。比如说，在
1989 年，我们的销售额是 1 200 万美元。根据当时的预估
在 1990 年我们的销售额可能会达到 1 000 万美元。那我
们就回到历史上销售额真的达到 1 000 万美元的 1986 年，
再和 1990 年相比对，看看为了实现收支平衡或净利润，

究竟哪些费用是可以被削减的。

◎ 牺牲小我。在整个团队的利益面前，家族成员可能需要做
出一些牺牲。我的家族经常会达成减薪的共识。卢塞尔说，
减薪不仅仅势在必行，也是一个正确的决定，也得到了家
族会议上的全票支持。当走出会议室的时候，我情不自禁
地为自己的家族感到骄傲。一旦决定要做，就要做彻底，
蝇头小利都要砍掉，比如免费日历和订阅的杂志等。除非
必要，不再做长途的商务旅行。对家族内部成员，不设升
职、不发奖金、取消加班费。忙碌的时候，管理层人员也
要下到一线工作，比如到客户服务台帮忙；在节假日减少
雇用人员的数量等。如果员工家境贫困，最好不要随意替
换。如果其他员工在拥抱客户或提升销量方面的贡献太小，
那就基于 5 年的发展规划来评估是否需要辞退他。

◎ 带着紧张感和急迫感，去更努力、也更聪明地工作。找准
目标，坚定不移地执行减少库存、精简队伍、降低薪酬和
预算等计划。当销量降低时，要降低库存做好匹配，通过
营销和广告，从既有供应商和合作企业之外寻求更多的合
作和帮助。

◎ 每月召开"新现实"例会，和家族成员、管理层回顾销售
数据，坦诚相对，有一说一。将信息及时分享给配偶及合
作伙伴，他们可是你后援团的中流砥柱。

◎ 保持乐观积极的态度，维持"拥抱"的企业文化，对所有

员工为"新现实"所做出的贡献表示肯定，比如个人销售量高，或在节省成本方面做出了优化。在全员大会上，热烈庆祝"新现实"计划的顺利实施，击掌、鼓掌、拥抱，都可以。

在2008年的销售旺季，我们跌了个大跟头。不光我们，我的好友尼曼服装、萨克斯和巴尼百货的生意都跌倒了谷底。在2009年1月初，我们开启了"新现实"计划。鲍勃和鲁塞尔在每家店铺的员工大会上都介绍了这些计划，反响出乎意料的好。计划受到了所有人的支持。我们都为整体的利益做出了个人的牺牲。

我们回溯了商铺的历史，随后进行讨论：2009 年的销售量和 2005 年几乎持平，那么就得看看当时的费用和库存水平究竟如何了。2005 年我们迎来了丰收，赚到了钱。可能今年我们没法直接翻盘，但至少要达到 2005 年的销售水平。

遗憾的是，我们辞退了一些销售员，但为整个企业掌舵的仍旧是家族的成员。我们削减了家族成员和员工的薪酬，但最终我们还是为做出特别贡献的员工设立了一个奖金池。

在与2005年的经营状况比对后，我们削减掉了所有不必要的开支，预计在6个月内达到2005年的销售水平。我们的现金都被拴在了库存上，通过供应商的帮助，我们成功削减了订货量。我们为这种情况设立了"雨天基金"，才得以保证在付款时从不赊欠，但也正因为这样，我们才能得到多家供货商的帮助。

我还注意到一点，我们的竞争对手，也就是其他大型商户在此期间不约而同地打出了"减价战"，在销售低迷的时间段内纷纷开出了5折、甚至3折的优惠，只为了回笼现金。这种行为激怒了供应商，因为此举让顾客开始质疑自己购买商品的内在价值。

在那段时间，供应商、设计方和多品牌商店的关系降到了冰点，不过我们没有受到什么影响，因为我们对供应商表示了绝对的忠诚，我们不断给他们打 电话、发邮件、拥抱他们，向他们展示合作的诚意，也向他们做了保证，即便经济再度回暖，我们也不会忘记他们的恩情。他们也不会忘怀。

我们也做出过不少艰难的选择，不得不抛弃掉了经营许久的发展机会。之前在格林威治的两个聪明年轻人，谢普和伊安·穆雷一起创立了 Vineyard Vines，一家主打男女学院风的运动品牌，他们将产品批发卖给我们这样的商店，发展迅速。他们有已经两家自己的商铺了，却还是迫不及待地想以更大的规模进军零售业。我们在 2006 年签订合约，收购了他们的品牌零售权。我们的合作非常愉快，也带来了不菲的利润。很快，我们就在格林威治、韦斯特波特、波士顿、华盛顿和佛罗里达开了分店。

然而，2008 年的国际金融危机来袭，为了将全部精力聚焦在逐渐下滑的核心业务上，我们迅速将零售业务还给了 Vineyard Vines。

我们一直坚信"新现实"计划定能奏效，虽然我每天都心惊胆战。我们撸起了袖子投入到了艰难但必要的工作中，不断削减支出和库存，终于在 2009 年实现了收支平衡，在经济逆境中转危为安。

56 如何召回客户：敢于出击

在很长一段时间内，我们企业一直采取守势。销售员也不愿意联系顾客，请他们到店坐坐，不过也情有可原，毕竟大量顾客不是失业，就是减了薪水。一些人甚至只能靠养老保险艰难度日，因此他们购买新装的欲望也不那么强烈了。

但我们仍未放弃拥抱客户。我们的销售员一直在联系客户："你过得怎么样？周六过来喝杯咖啡，吃个百吉饼吧。我们想你了，过来坐坐吧。"保持拥抱客户的姿态，并让客户感受到我们的关怀和陪伴，这一点是非常重要的。

我们知道，经济危机的影响终会过去，顾客也还会来到店里，再次购买服装。我们从来就没有担心过，正如几位顾客对我说的那样："你知道吗，我们很有钱，我的朋友们也很有钱。虽然我们损失了不少财富，但我们还有房子，还有资产，也依旧很喜欢逛你的服装店。"

不过，也有顾客表现出了一些焦虑，他们想购买一些非必要的商品，但又不确定自己的做法是否正确。比如一天下午，一位顾客走进了理查德服装店，看上了一款价格不菲的提包，但不确定自己是否要买。第二天，她给我们的销售员珍妮·威尔森打了电话，说自己准备在服装店逗留一会，但需要珍妮到停车场去见她。届时她会把自己所有的包放在后备厢中载过来。珍妮说"没问题"。随后，顾客来到了停车场，打开后备厢让珍妮查看自己的包。她相信珍妮，想让珍妮帮自己决定，是否要购买那个包。

前前后后跑了几趟，珍妮告诉她说，她并不需要购买这个包，请她再考虑一下。最后，顾客还是决定买下了这个包。

这个故事告诉我们一些重要的道理。第一，顾客相信我们的判断。第二，虽然富有的顾客也有节约的意识，但他们还是想要品相好的商品。所以，如果顾客认为停车场，或是商店后巷也是不错的交易地点，那我们就必须奉陪到底。

在大概一年之后，我们决定采取进攻战术了。随着腰包的再度充实，我们不光补偿了老员工在2009年削减的薪水，招揽了新人补足了人力缺口，还阴差阳错地收购了加利福尼亚濒临破产的威尔克斯·巴什福德，成了一家横跨美国东西海岸的连锁商店。

我们在威尔克斯主要的经营策略，就是让销售员相信他们在未来有利可图，有福可享。接下来，我们就可以让他们帮忙去把流失的客户找回来。在老店铺无力支付经销商费用之后，很多老顾客就不再到店购物了。我们的任务就是让他们知道，一家崭新的威尔克斯已经浴火重生了。不仅在当时，直至今日，寻回老客户仍是我们重点的经营策略之一，我们甚至开发了一套系统来重新"激活"那些突然停止到店购物的客户。这也是科技进步为我们带来的助益之一。

在系统的帮助下，我们可以随时调用近些年内到店购物客户的姓名和地址信息。但在当时，威尔克斯店内没有安装电脑，只有一本本销售员手写的重要客户"名册"。幸运的是只过了一两个月，我们从伯克利招徕的编程人员罗塞尔和萨拉·李就发现顾客数据其实正好好地保存在收款机里，仅仅过了一夜的时间，这些数据就开始为我们效劳了。

不过，销售员仍对使用系统召回客户的可能性存疑，这是我们当时面对的最大的挑战。毕竟，当你的数据足够充足且能投入使用的时候，才能发挥最大的功用。正如我的朋友拉里·包思迪所说，"执行"才是王道。当系统发挥功用的时候，不光销售员会从中得利，顾客也会收获快乐。而销售员之所以快乐，不仅是因为达成了交易，更是因为帮助顾客解决了难题，获得了成就感。

我就知道这样一个故事。我们一位康涅狄格州的客户在前往加利福尼亚州的旅途中扯坏了上衣，他走进了威尔克斯·巴什福德的服装店，遇到了亚历山大·库特索亚尼斯。当时是下午3点，顾客要在三小时后参加一场重要的会议。到下午3点20分的时候，亚历山大已经帮顾客选好了新的上衣。十分钟后，他为顾客完成了量体，把数据分享给了裁缝。等顾客下午6点返回服装店的时候，他崭新的战袍已经在静静地等待他了。

亚历山大是个严谨的销售员，他查询了该顾客远在米切尔服装店的档案，获悉客户喜欢工作袖头，就按照顾客青睐的样式做好了准备，从头到尾没有问过客户一句话。至少我们可以说，在这方面顾客被我们的服务打动了。

在拥抱文化中，分析的运用是一个重点，它不仅能够衡量我们所做的工作，还能通过数字和数据加强我们和顾客之间的联系，并将之构建成一张能够囊括住所有人的网络。在经济复苏的过程中，我们确实从中受益匪浅。

正如我在前文中提到的，在我们收购了原有店铺之后，往往会保留它之前的名字，不会篡改。虽然已经纳入了米切尔家族的名下，但它们并没有改名，仍然是"马希斯"或"威尔克斯·巴什福德"。它们在当地的社区内存在了那么多年，马希斯有八年的历史，威尔克斯·巴什福德甚至已经营业了45年之久，有口皆碑。

不过，我的家族却一直想把"米切尔"的名号发扬光大。我们为此讨论了很多次，最后安德鲁·米切尔提出了一个伞型品牌战略，把"米切尔家族商店"作为统领性的主品牌，这一点受到了大家的欢迎。它展现了我们作为一个家族通力合作，诚邀顾客、供应商等四海宾朋加盟的良好意愿。不仅如此，"不改名"策略既保留了我们对当地社区的庄重承诺，又展现了我们的规模优势和五家服装店为客户带来的温情暖意。

它还和客户服务息息相关。在我看来，客户与其说是合作伙伴，倒不如说更像是朋友和家人。我们的主品牌名称明确地展示了，我们就是真正的一家人。因此我们顺理成章地接受了这个主品牌。

总体来说，这次经济危机教会了我们，要坚持沟通，要定期开会碰面，要开诚布公地交谈而非默默地投票，要建立互相尊重信任的氛围，尊重每个人在自身领域的权威。如果米切尔家族的所有人，以及非家族成员的高管人员能心往一处想，劲往一处使，我们就能够决定自己的命运，不用看东京、伦敦、迪拜乃至世界上任何一个人的脸色。

而且，我们始终坚持着聚焦于个性化的服务，服务、服务、服务，重要的事情说三遍！我们坚信细节决定成败。其中有这样一个高中舞会的故事，最令我津津乐道。有一次，我的侄子克里斯接到了当地家长教师联席会主席的电话。亨廷顿高中的一个男生需要帮助。他家里很穷，基本上算是无家可归。他的二十个朋友不想让他错过高中舞会的乐趣，集资给他买了一张入场券，但他又没有合适的行头。联席会主席还没有说完，克里斯就打断了她的故事："让他过来，我们能帮他"。

我们在马希斯的员工迅速为他准备了一身装备。一套有一些小瑕疵，但依旧光彩照人的黑西装，一件因和预定顾客身体尺码不符而闲置的白衬衫和一条黑领带。我们没有收一分钱，男孩脸上的笑容是无价的。第二天一早，马希斯服装店收到了来自家长教师联席会的花束，上面的字条中写着，男孩很开心，他度过了一生中最愉快的时光。

这就是真诚的拥抱产生的魔力。

在我们经营服装店期间，经历过无数这样的事情，但我们却一次比一次更振奋。现在，我们的生意经营良好，稳步发展。时不时地，我们也会畅想未来。有时候我会想如果我们未来将经历衰落、效益大幅流失，整个家族还会像现在这样和谐、维系得这样紧密吗？我

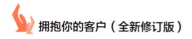

觉得会。事实上，曾经有一名顾问在一次会议上问到，"你们家族成员的关系怎么样？"斯科特·米切尔立刻答道，"非常好。"一直以来，家族成员间的羁绊和同甘共苦的情谊，是我们的财富，也让我们团结得更加紧密。

我常常在想，即便穷极一生，我的情感也不会有丝毫改变。作为家族企业的一员，我依旧能感到无限的快乐、无边的激情。

拥抱指南

让客户"免受颠簸"

你需要通过拥抱来走过坎坷，经济危机冲击了所有的企业，但你绝不能在顾客关注的点上偷工减料。

新现实

当经济危机来临时，你需要准备一个"新现实"计划，找一个收入相近的年份来对比削减支出，努力工作，活用头脑，保持积极但现实的心态。

敢于出击

选择守势，也要敢于出击，守势助你忍过寒冬，出击让你变得强大。记住，人们总会买东西。

拥 抱 你 的 客 户

———

HUG
YOUR CUSTOMERS

HUG
YOUR CUSTOMERS

第 9 章

创新的力量

拥抱文化应与时俱进

—

如果要保持出类拔萃，

你就必须时时创新。

经验诚然可贵，

但不能让其束缚你的日光。

不要心胸狭窄，多和别人交流，

你能获得更多有益的新点子。

57 建立有活力的组织

几年前，当我同鲍勃乘飞机横越大西洋去意大利时，曾共同分析了各类商品的周转率。我们发现，在周转率最快的五种产品中，竟有四种都是新品牌，或老品牌中的新产品。这确实发人深省。鲍勃同我所见略同："你知道，爸爸，我们需要经常更新商品。这就是创新的威力。"

太对了。顾客总是在不断搜寻新东西。我们有些核心产品，又称为基本产品，多年来一直卖得不错，而且你绝对离不开它们。但是公司如果希望继续发展，光有那些产品绝对不够。人们喜欢刺激，喜欢新产品带来的轰动。

现在，如果你从事时装行业，这似乎是个显而易见的道理。在服装季开始时，我们总是需要展示新产品，以吸引忠实顾客到店里来。不过，其含义则远远超过一套古奇拉利或诺悠翩雅的男装和女装。

我们将创新原则应用到所有方面，不管是聘用出色的新员工，还是采取新方法搜集顾客资料，或是在"手册"中应用新方法。因为我们充分理解创新的威力。这是一股不可思议的巨大力量，可以刺激公司并使之充满活力。在这个激烈竞争的世界上，其作用不可替代。一家公司必须有新点子和新方法。如果一家公司没有新点子，比如新的拥抱方式、接近顾客的新方法、了解顾客想法及其衣橱的新途径，这家公司就不会有任何前途。

我们喜欢说："最好的拥抱来自胜利者，而胜利者必须不断创新。"毫无疑问，如果拥抱千篇一律，不久就会陈腐乏味。它们必将失去效力。比尔·帕塞斯（Bill Parcells）是一位传奇的橄榄球教练，习惯于采取新的比赛队形、欺骗性打法或巧妙的得分方式。球员和"粉丝"们已经学会接受意外惊喜、出乎预料和新战术，这有助于制造活力和激发热情。而当球队结束一场完美的赛事后，势必引发山呼海啸般的欢呼赞叹。

相信创新的威力将形成生动活泼的气氛，创造有利于倾听和学习的环境，建立充满活力的组织机构。我喜欢在工作中套用生物学概念。大家都知道，有机体如果不成长就将灭亡，没有中间路线可走。对于组织而言同样如此，如果你停止学习，就必将灭亡。

要想不断成长，就要注意寻找新人。在前面关于聘用和关心优秀员工的章节，我曾说过他们对公司而言至关重要。但是，只是当出现空缺或准备扩张时，大多数公司才会聘用人员。即使我们不缺人手，即使生意比较冷淡，我仍然欢迎那些具有符合我们需求的品质的优秀员工。我很早以前就明白了这个道理。那是在中国，在一辆巴士的后座上，一位老人讲的一个故事，使我更加明确地认识到这一点。故事太长不必细说，简而言之就是，生活仿佛旋转木马，你必须仔细寻找上面的黄铜把手，发现后还要及时抓住它。时机可能并非最好，但如果发现后不及时把握，那个机会便可能永远离你远去。

我们知道，招收优秀新员工，是为团队增添宝贵的合作资源。他们不仅会同队友们合作，还会激励他们达到新的高度。想想詹森·占比到扬基橄榄球队后的情形，就能明白这一点。

在我们公司，类似例子数不胜数。但最令我难忘的，还是聘用菲莉丝·贝尔绍一事，她最后的确也成了最杰出的拥抱者。那是在1990年6月，我当时正待在家里，我正在游泳池旁的躺椅上打盹，电话铃声突然将我吵醒。那是一位非常好的老朋友，多年前曾为我们工作。她滔滔不绝地赞扬一位名叫菲莉丝·贝尔绍的优秀销售员。"她是我见过的最棒的。"如此之高的评价，立即吸引了我的注意力。

当时正是经济危机的最低谷，多数公司最不愿意做的事情就是聘用新人。但我相信创新的力量，一秒都没有耽搁。我找到电话号码，给菲莉丝打电话。没过多久，她便成了我们团队中的一员。菲莉丝不仅带来数以百计的新顾客和客户，而且带来了我们从未见过的高水平工作能力和专业技能。例如，菲莉丝给一位朋友兼客户打电话，不到半小时那位客户便走进大堂，询问菲莉丝到底是什么样的新产品，以至于她不能等到明天再买。

产品也是同一个道理。当你引进合适的新产品后，将给整个商店带来活力。我们在米切尔服装店增加了普拉达牌女鞋。开始时，我们只引进了少量精选产品。一夜之间，它便成为店里最热销的皮鞋品牌，成为服装店的新标志。当 1992 年扩建米切尔服装店时，我们增设了一个全新品牌的女装专柜，结果女装生意几乎爆棚。我们在理查德服装店开设女装部时，也发生了同样的情况。

当你做出技术上的创新时，也会达到类似的效果。我们在引进 M-Pix 电子系统的时候，就能感到那种焕然一新、跃跃欲试的兴奋感。

这就是创新的威力。新的开端，新的表演。

你必须明白，成为最好还远远不够。虽然那种感觉很好，我们也为自己在本行业所取得的成就感到自豪。但是，我们必须不断思考，如何采取新办法以保持领先地位。

58 如何摆脱经验的束缚

　　新员工往往更容易以新眼光看待事物，更容易理解创新的力量。但是，由于核心职员都是经过长期考验的员工，你就必须不断向他们提出难题，以使其能换个方式进行思考。我们提醒老员工："有时你会被经验所束缚。"

　　如果你长期以一种方式做事情，很可能难以改变已经形成的思维定式。有这样一种应对办法：你在圈子里工作的同时，还应该能够跳到圈子外思考。不必放弃那些使你成功的聪明做法，不必放弃那些久经考验且确实可靠的电脑系统。但同时还要认识到创新的力量，愿意倾听、学习和提高。

　　创新的力量也可以微妙的形式体现，比如只是改变奋斗目标中的某个字眼。大约 10 年前，我突然觉得，仅使顾客"满意"还远远不够，我们需要使顾客"非常满意"。这促使我们从不同的角度看待顾客，希望顾客每次来店购物都有喜出望外的感觉。近两年来，我们在调查表中就顾客满意度列出了三类标准：满意、非常满意和极为满意。这似乎有些吹毛求疵，但我们在调查中确实发现，那些极为满意的顾客要比非常满意的顾客更为忠实，更常去我们店购物。我们会审查自己的拥抱，并在其身上投入更多精力。

长期以来，我一直认为有两个行业为经验所束缚，那就是保健业和快餐业，他们的客户服务工作似乎永远保持原样。去医院或诊所时，我觉得自己就是个号码而已。除非你认识医生，否则光是等待拿检查结果就会是场煎熬，往往得拖上两三周才会寄到。当你想同医生谈谈病情时，他却在比利时开会。为何不将检查结果用电子邮件寄出？为何医生不说明何时有空研究检查结果？

此外，我常常想，如果麦当劳或肯德基在店门口派招待员欢迎顾客，应该是个不错的主意。我知道这违背了快餐业的传统做法，但我觉得正因如此才会令人耳目一新。

举一个关于我们行业的例子。在零售行业，人们习惯于坐等顾客上门，然后在店里销售货物。但是，我们正努力提倡这样一种观念，即销售员应主动去到客户的领地拜访他们。我们甚至还制定了绩效标准，检查销售员是否经常走出商店，到顾客家或办公室拜访对方。

我们经常采取"整理衣橱"的方式实现这一目标。如果顾客对销售员说："呀，我必须检查一下衣橱，看看是否有那种蓝色的衣服。"员工可以借机说："我很乐意帮你整理衣橱。"如果顾客同意，销售员可以约好时间，去顾客家里拜访，帮助整理衣橱。

实际上，我们是在得到顾客同意后，进入她们的卧室协助整理衣橱。因为所有顾客都非常忙碌，而且他们的专长并非服装，所以需要我们提供建议。这件你应该扔掉，这件你可以捐出去，这件你应该改一下，这两件你可搭配着穿。实际上，我们会给不同组合的衣服拍照，供她们进行选择。

通过这个办法，你可以看出衣橱里有些什么，什么衣服需要稍微改一下，什么衣服可以扔掉，还需要购买什么衣服。此外，你还了解了许多情况。

当你整理衣橱时，还可同顾客聊天。你们最近准备做什么？哦，我们准备听歌剧。你们有合适的衣服吗？还真没有。我们店刚进了一套漂亮的米色西装，而且我看你没有那种颜色的西装。

这对建立关系非常重要。女顾客除非十分信任你，对你愿意花费时间了解其生活方式表示感激，否则绝不会让你进入卧室整理衣橱。这还可以帮助我们进一步提高效率。我们可以看到顾客有些什么衣服。我们列出了清单。当店里进了一件海军蓝外套时，我们如果知道她衣橱中已经有了，就不会打电话通知她。我们还可以借此推动销售。我们看到了一件女服，你想过将这件女服同那条围巾配在一起穿吗？你并不仅仅是推销，而是提出专业性的建议。她们终将理解，你到那里去绝不仅仅是为了卖衣服，而是为了提供服务。

有趣的是，在整理衣橱问题上，我们发现男人比女人更开放些，因为后者在穿着上更为自信。但是，一旦某位自信的女士允许我们协助整理衣橱，会发现可以获得许多有价值的建议。

很自然，通过指出缺点和不足，我们也可以推销服装，有时甚至会立刻得到回报。杰夫最近帮一位男士整理衣橱，他只想买一件西装，但实际上缺的是休闲装。杰夫问他，是否想到店里来，买些衣橱里急缺的衣服。当天下午，他便赶到我们店里，购买了 8 000 美元的服装。

有时，整理衣橱也是在为未来做好准备。一位员工花了一上午时间整理衣橱，回来后抱怨说那位顾客只买了两件卡其布衬衫。我们告诉他，不要鼠目寸光，帮助整理衣橱将加强信任，并使顾客对本店更为忠实。

提供整理衣橱的服务也有一定难度，因为有些顾客可能会心存疑虑：他们想看我的衣橱到底是要干什么？提出建议的最佳时机，是在顾客搬家的时候，那时他们必须整理衣橱。另外，就是在顾客身材变化的时候，那时他们最需要得到帮助。

你如果能够摆脱经验的束缚，将发现许多过去难以想象的新机会。

59 共享你的好主意

对我们而言，一个最重要的创意来源，是从其他服装公司那里学习。我们也同他们分享自己的创意，我的意思是同他们分享一切，从如何做生意到财务体制。我们参加了两个极有价值的组织。一个是男装论坛协会，包括国内各地许多家族商店，相互之间不存在竞争关系。我们每年开两次会，交流各自曾经尝试并发挥作用的创意。

我们学到的最重要内容，是什么事情不可以去做，因为有人已经试过并惨遭失败。这对我们全体而言都是双赢的结果。

借鉴这些公司的新思路，具有极为重要的作用。例如，从波士顿的开普斯服装店那里，我们得知有一个库存量控制公司。在 1990 年至 1991 年经济衰退期间，我们聘请该公司帮助解决失去控制的库存问题。此外，开普斯服装店还协助我们同法林地下商场建立关系，后者已变成我们的重要概念，并被列入了拉塞尔公式。

其他公司也从我们这里吸收好点子，促进他们自己的生意发展。冰岛一家出色的服装店，采纳了我们店的一系列经营理念，包括给顾客写感谢信、送个性化礼物。他们为顾客提供咖啡等饮料食品，有时甚至走到大街上向过路人分发。近三年来，他们每年都在店里举行现场音乐会并灌制 CD 光盘，作为圣诞礼物送给购物量最多的 3 000 名顾客。在最新一张光盘的封面上，还印上了漂亮的全家福照片，就像我们给顾客发邮件时喜欢做的那样。

这里有一个我曾在男装论坛协会讲过的主意。多年以前，我在希基·弗里曼公司四处转悠，注意到搁板上放着一些小块的漂亮衣料。这些就是所谓的布头，是剪裁西服时剩下的布料。有时，希基·弗里曼公司也会利用这些布料制成西服，送到本公司的批发商店出售。我想，我们为何不买上一些？当然应以较低的价格。

我们将布料卷好装进盒子，寄给关系最好的顾客，并问道："如果你喜欢这种衣料制成的西装，我们将以600美元的价格卖给你，而原来的价格是900美元。"我们试着给50位顾客寄去，有10位男士喜欢这种布料，不久他们便穿上了新装。一个皆大欢喜的拥抱。最近，我们决定照此办法再来一次。

任何行业都可以模仿我们在男装论坛协会和国际男装协会的做法。五金商店可以这样做，保健行业也可以这样做，殡仪馆业主也可以这样做。有许多公司会在行业大会上这样做，但那都是些规模庞大、机构臃肿、每年一次的会议。各个公司应该以小团体的方式，共享关于企业机制和客户服务的好点子，否则就很难充分享受创新所带来的好处。

60 逐步提高拥抱标准：成为更好的拥抱者！

七八年前，我偶然得知自己的行为使几位销售员感到很沮丧。"你总是前后矛盾，"其中一位说道，"有时候，你说我们是世界上最好的销售员。但几乎立刻或是第二天，你又上蹿下跳地提出新点子，说我们仍需要提高，应该这么做或那么做。"

那天晚上，我彻夜未眠，通宵思考这些话。第二天，我拿着一张条线图，向他们解释自己的想法。许多公司都会使用"提高标准"的说法，我们也采取同样的做法。但绝非说说而已，我们确实将此作为行动目标。我们深信，必须每年提高拥抱标准，否则必然退步。

我可以借条线图来说明这一点：如果服务水平在1995年打10分，这意味着你属于最优秀的行列。但1995年的10分到2002年只相当于5分，而到2015年可能只相当于3分，因为所有人都在不断创新和提高。你如果依然墨守成规，用不了多久就会落后，而且是被远远地抛在后面。

我相信，我们拥有最好的销售员和最好的采购员，在其他方面也

几乎都是最好的。但是，这仅仅是就目前而言。我们可能在 2000 年得
9 分或 10 分，但如果闭上眼睛止步不前，到 2015 年就只能打 6 分或 7
分。如果我们自 1995 年就再也无所作为，到 2015 年就只能打 3 分。

当然，同样重要的是，你不能丢掉自 1995 年以来学到的基本原则。
你应以此为基础继续发展。而且，在某种意义上，你应当保留这些原则，
它们是极其重要的基础。你不会停止为顾客将包装袋送上汽车，你还
会做得更好。你不会停止搜集顾客资料，你还会搜集得更多。你不会
停止拥抱，你还会采取新的方法更多地拥抱顾客。我举一个小例子。

丽塔·罗曼是位精力过人的优秀销售员。她渴望充分发挥才能，
活力十足，总是寻求新方法以提高工作成绩。几年前加入我们团队时，
她希望成为一名出色的销售员和优秀的男装部经理。我们花费了大量
时间，以便相互了解并建立关系。我将从顾问大卫·鲍克那里学到的
练习方法和"安抚策略"都用在了丽塔身上。然后，我们又引进了迈
克尔·雅各宾的方法和客户积累计划，内容是如何将顾客发展为客户：
应主动而非被动，集中精力于建立关系，而非简单地销售服装。

有一天，丽塔冲进我的办公室，大叫她全都弄明白了。她突然开
窍了！她已成为一位真正的拥抱者。后来，丽塔成为我们店首位百万
美元销售员，而当时全美国可能也没几个。

她在高档零售业中的地位，仿佛罗杰·班尼斯特（Roger Banister，
在 1954 年 1 次国际性的田径比赛中，用行动向全世界证明人类可以在
四分钟以内跑完 1 英里）在 1 英里赛跑中的地位。当看到丽塔搜集顾
客资料、采取各种措施发展客户时，店内其他销售员也开了窍！

丽塔在销售男装的同时也开始销售女装，最终使销售额达到200万美元，随后又达到更高的水平。她同时为顾客夫妻提供服务。在生完儿子后，她仍不想同顾客失去联系。于是，在休产假时，我们在她家里装了台电脑。在几个星期的时间里，她仍然同顾客预约。我想，她在这个生命中最特殊的时期，仍然保住了所有顾客和客户。年复一年，她不断地提高自己的奋斗目标。

我们可以想想提高航空业服务标准的捷蓝公司。他们率先提供空中瑜伽服务，并为每位乘客都安装了卫星电视，这样你就不必再看已看过四遍的电影了。一位饮料公司的高级经理曾告诉我，无论自己的公司表现多么出色，他总是问自己的团队："下一步我们干什么？"关于提高标准问题有以下两个基本原则。

所有人都必须提高标准

提高标准是个人追求，但应在全公司推广开来。

作为一名领导，应该注意不能简单地告诉员工去干什么。我发现如果你希望所有人都提高标准，更好的办法是讲些优秀销售员的故事，举些如何才能完成任务的例子。有时，当看到有人无法完成十分简单的任务时，我确实感到十分沮丧和恼火，但仍竭力控制自己并帮助其纠正错误。

最好是让销售员看到同事的"英雄行为"，并因此而受到激励。他们会想，既然她能办得到，我一定也能做到。而且，他们的确能够

做到。诺伯托是理查德服装店的销售员，单凭他自信，确实无法完成
"英雄行为"。但他看到弗兰克和约翰完成了"英雄行为"，他也开始鼓
足勇气去尝试。

不久前，诺伯托接到一位经理从墨西哥打来的电话，这通电话几
乎令他感到绝望。那位经理正在飞机上，要带妻女到格林尼治参加一
次葬礼。他以为妻子带上了他的西服，但实际却并非如此。这位经
理当晚将入住宾馆，次日清晨即出发参加葬礼，而我们店两小时后才
开门营业。

诺伯托给这位经理在墨西哥的助理打电话，让他从衣橱里找到西
服并量好尺寸。诺伯托挑出一件海军蓝西服，并按照尺寸为他改好。
恰好我也在格林尼治凯悦酒店开会，顺便将西装送了过去并留下一张
便条，告诉他如有问题可在哪里找到我。一切都进行得十分顺利。两
天后，我偶然遇到这位经理，他表示万分感激，并且说道："诺伯托是
我心目中的英雄。"

这都是由于诺伯托提高了对自己的要求。

不要急于求成

在提高目标时，速度至关重要。作为管理人员，如果你行动过慢，
将会丧失时机；如果你行动过快，员工将丧失信心。他们无法跟上你
的步伐，他们以为自己在什么地方出了问题。实际上，问题在于你急
于求成。

在这种情况下，甚至以前设立的标准都会受到影响。例如，你规定在用电话进行满意度调查时，应有九成的顾客对购物体验极为满意。然后，你马上打算实施新的顾客资料搜集计划，以便将标准进一步提高。但是，新计划考虑不够周全，在对满意度进行电话调查时，只有六成或七成的顾客表示极为满意。

超级明星善于采取新措施，促使销售额快速增长。但每人的成长速度不同，你必须极端小心谨慎，随时了解新计划的进展状况，以免影响已经实施的计划。如果销售员觉得，你只是给他们增添了更多工作，而没分清主次轻重或进行足够的培训以便承担多重任务，那么实施新计划就是草率行动。

所以说，充分了解员工至关重要，只有做到了这一点，你才能够适度地提高标准。有这样一位女员工，她是出色的拥抱者，善于同顾客建立关系。在进行年度审核时，她几乎圆满完成了所有该做的工作甚至还要多一些。对她而言，唯一需要提高的是接待更多的顾客。在我们看来，她无疑具备这个能力，只是需要一点点刺激。

她花了许多时间拥抱自己的顾客，所以就没有尽全力结交更多的新顾客。我们为她定了一个目标，在明年增加60位客户。我们同她经过反复磋商，得出了这个合情合理的数字。这远比另一位顶级销售员少得多，这是为了开始时先定少一点，以后再逐步增加，以免她感到吃不消。

另外还有一位出色的新员工，每天接待10至20位顾客。这对我们而言可是极为可观的数目，相当于老员工的二到三倍。这意味着她做每笔生意的速度都相当快，卖完一件衣服就算完事儿，没有花时间建议再买些配饰之类，或看看是否还需要再买件别的衣服，以便在未来某些场合穿着。

于是，我们建议她试着花更多时间发掘需求，同每位顾客都建立更牢固的关系，而不是以快速结束交易为满足。她的每笔生意的平均销售额是340美元，而前面提到的老销售员的平均销售额是1 200美元。通过减少接待顾客的数量，这位新销售员可以提高自己对每位顾客的销售额。

当我考虑提高标准时，我喜欢讲讲关于我的朋友、小猎犬和寄养场的故事。我的朋友住在纽约城，准备去外地休假一星期，需要为小猎犬米西找个寄养场。有人建议说，在新泽西有个寄养场。我的朋友打了个电话，得知去那里需开车一小时，他们嫌来回太麻烦。寄养场方面当即表示："这不成问题，我们很乐意去接你们的狗并将她送回去。"

他们正是这样做的。他们将米西接去，一周后又送了回来，用香波洗得干干净净，正如他们承诺的那样。一年后，我的朋友再次求助于这家寄养场。当他们将米西送回来时，还送了几张米西同其他小狗玩耍的照片，上面标明了每只狗的名字。这张是米西在同罗科玩耍，这张是米西在同克莱伦斯玩耍。这是个不错的做法。后来，他们还寄来了一些明信片，据称是那些米西的玩伴询问它现在怎么样。

你可能会认为，为使我的朋友成为忠实顾客，那家寄养场做得已经够多了。但是，他们并未就此止步不前。当我的朋友第三次寄养

小狗时，他们接走并送回了米西，还有米西同它的玩伴们嬉戏玩耍的照片。而且，当米西到家时还穿着漂亮的新毛衣，这是寄养场送给它的礼物。我想象不出来，他们接下来会做些什么，但是肯定会出人意料。年复一年，他们不断提高工作的标准。

所有公司都应该像那家寄养场一样，而且这将是米切尔服装店和理查德服装店的使命。

每一天，当我集中全力于日常工作以便尽量满足顾客需要时，我总是想着到 2015 年，我们要保持出类拔萃应该做些什么！你必须不断提高自己，否则这个世界会毫不犹豫地将你抛在后面。

你拥抱顾客越多，无论是以久经考验的方式还是以崭新的方式，顾客便会越忠诚。他们不仅将是你今天或明天的顾客，在更遥远的未来也依然如此。最优秀的拥抱者绝不只是现在出类拔萃，他们将变得越来越好。他们明白，在提高标准方面永无止境。唯一的界限，就是他们的想象力。

你总是需要一些新东西

单凭核心产品和服务是不够的,顾客希望新鲜产品带来的刺激。如果千篇一律的话,拥抱也会让人生厌。

不要为经验所束缚

不要因为长期按习惯方法做事,便害怕尝试新鲜事物。除了要懂得如何在"圈内"做事,还要学会能够跳出"圈外"思考。

共享你的好主意

在自己所属行业同不存在竞争关系的企业组成协会,相互交换好主意。这样所有人都将获益。

提高标准

除非你每年都提高标准,否则你必将走下坡路。今年可能是 10 分,明年就会是 8 分。提高标准必须适用于公司上下,员工可按各自情况进行调整。

拥 抱 你 的 客 户

———

HUG

YOUR CUSTOMERS

拥抱成绩测验（H.A.T.）

现在，你已经读完了本书，可能希望再看看每章结尾的拥抱指南，以便能够记得更牢。不过我觉得，做做下面的拥抱测试也会很有益处。它不像学术成绩测试那么难，因此大可放松一些，以享受的心态玩这个游戏。它会对你的生意非常有用。它可以使你搞清楚，自己已经实施了哪些拥抱原则，还存在哪些巨大差距，显然，你不能一夜之间就改变企业文化，可能你只想先小心"试水"，在公司里采用几个新点子，而不是直接照搬整个拥抱文化。

通过分析得出的答案，你可以搞清自己是否需要改变，并且决定何时开始改变，以便在公司里开始实施或进一步发展拥抱文化。记住，一定要诚实！不要欺骗自己，并且要享受乐趣。应以高度积极的心态和追求成长的热情进行测试！

1. 列出至少十几种你为拥抱顾客和满足其期望而采取的措施。如果你能列出 20 项以上，可以额外加分。

2. 每周、每月和每年，为使员工感觉良好，你为他们做了哪三件事？（你知道他们及其妻子儿女的名字吗？）

3. 你是否将自己的前 100 名顾客熟记在心？请写出他们的名字。你是否经常看见他们、同其交谈并拥抱他们？如果你可以写出 250 个名字，你就有可能进入拥抱者的名人堂。

4. 你们公司中是否还有其他人记得顾客的名字？是否只是销售员记得？财务人员是否知道？负责制造、设计和市场营销的经理是否知道？送货员是否知道？

5. 你的销售大堂在哪里？你的比赛场地在哪里？将它们写出来。你是否规定所有人都必须到大堂里，以便看到、接触和感觉真正的顾客？谁必须站在大堂里？谁不必那样做？

6. 你招聘员工最重视的品质是什么？你是否始终如一？你聘用员工是否根据同样的标准？你在评估员工表现时是否只以工作表现为标准？你是否关注学习和享受标准并据此为员工打分？

7. 你认为公司里谁是拥抱者？在团队中谁是最佳销售员？请写出最优秀的三或五位。记住要在整个公司范围内搜寻。你是否为销售员提供了成长的机会？你是如何做的？写出你现在实施的五个计划。写出你打算今年开始实施的三个计划。写出五年后你打算实施的最重要的计划。

8. 你是否授权员工主动采取措施去拥抱顾客？你是赋予他们足够的权力还是简单地向他们下达命令？如果你是赋予他们足够的权力，请举出三个例子。

9. 你采用了什么样的电脑技术？是将跟踪库存量放在首位？还是将跟踪顾客情况放在首位？通过系统你能了解多少顾客本人及其购物的情况？首席执行官是否会使用电脑系统？他们是否全面地接受技术？

10. 你是否实行个性化市场营销？你是否通过电脑群发邮件？你是否给顾客或重要商业伙伴邮寄用钢笔签名的亲笔信？最近一次是什么时候？

11. 你是否列出了最重要的销售日？如何采取不同的方法进行计划、准备和实施？你是否制订了"剧本"以帮助销售员上演最佳"剧目"？具体内容是什么？你是否经常询问销售员需要什么帮助？最近一次是什么时候？

12. 你是否经常查看比分？公司里谁能够查看比分？高管们是否经常查看比分？你是否只关心工作表现？你是否设定了享受和学习目标，以提高生活质量并提高奋斗标准？

13. 你是给予顾客他们想要的东西，还是给予你认为他们想要的东西？你是说教还是倾听？试举例。

14. 你是否拥有向所有人显示出对顾客的关注及经济规律之间的联系的公式？具体内容是什么？你如何决定在什么方面花钱，在什么方面不花钱？

15. 列出最近你在处理顾客问题上所犯的三个错误并说明自己是如何处理的。你对决定是否满意？顾客对决定是否满意？你是否了解真实情况？你如何对待犯错员工？

16. 你为搜集顾客反馈建立了什么样的机制？请写出最重要的五种。你对结果是否满意？你如何处理这些信息？

17. 列出你在一年来采取的三项"新"措施，无论是关于产品、服务，还是关于对事物的新看法或新员工。你是否觉得自己具有追求新事物的心态？

18. 你是否参加本行业内的某个社团以便交流想法？你能想出建立一个此类组织的方法吗？

19. 你是否建立起相关机制以提高自己团队的工作标准？举出关于去年公司员工提高标准的三个例子。

20. 根据上述回答，列出你计划采取的五个拥抱策略，谈谈自己准备如何去做。

祝贺你完成了拥抱成绩测试！我希望你从中获得了乐趣并且有所收获。我希望听到你的反馈、评论和有趣的拥抱故事，并就"世界级拥抱名人堂"提出自己的候选人，无论是公司还是个人。告诉我他们提供了卓越的客户服务，并使你的心情无比舒畅！我知道我们将会得到你的消息！给我们发电子邮件或写信吧！

后　记 **HUG** YOUR CUSTOMERS

你有梦想吗？

在米切尔服装店和理查德服装店，我们每天都努力上进，为我们的顾客做更多的事，我们每天都提醒自己，我们为何要做那些事情。

在三代人甚至可能在更长的时间里，米切尔家族都在拥抱顾客，而他们也对我们予以"回抱"。

这不仅是由于我们的员工和顾客比在别的商店拥有更多乐趣，虽然那确实是原因之一。

这不仅是由于我们更了解我们顾客的情况，虽然那确实是原因之一。

这不仅是由于"这是应该做的事情"（比尔的说法），虽然那确实是原因之一。

这不仅是由于它能使我们店更加成功，利润更为丰厚，虽然那确实是原因之一。

最重要的是，正如我从父母身上学到的，拥抱是人际关系中最基本的内容。哪怕那时店里只挂着三套西装，而改衣服则由奶奶负责。在我们看来，不那样做似乎才不正常。善待他人并使其喜出望外十分自然，因为所有人都希望受到如此对待，那种感觉真是非常美好。

在内心深处，我真诚地努力在生活的所有方面都追求充满意义的人际关系。当然，我们希望同家庭成员保持这种关系，同时在工作场所也追求这种关系。但是，我们往往忘记后者。老天，要知道，我们大多数人在工作场所待的时间，要远远超过在家里待的时间！我们之所以拥抱，是因为我们喜欢拥抱，而且我们也需要拥抱。

在其他公司，也有不少领导人是杰出的拥抱者，我向他们致以敬意。环顾四周，当你看到时，请赞美他们，模仿他们，学习他们。这个世界需要更多建立在真诚关系基础上的公司。如果我期望单靠这本书，就能使你成为拥抱哲学的信徒，未免过于狂妄自大。但我确实希望，本书至少能够促使你去思考和梦想。

梦想对我而言十分自然。只要有空，我就喜欢闭上眼睛，想象一下自己希望生活其中的世界。我发现自己经常梦想的，是充满拥抱者的世界，充满关爱的世界，充满体贴的世界，真诚地希望顾客心情舒畅。可能这过于理想化，但对我而言并非如此。这绝对美妙至极。

在我梦想的世界中，《纽约时报》和《华尔街日报》不仅会准时送到，而且是在清晨5点就放在私人车道上，而不是扔到我们的屋顶上。

在我的梦想世界中，草坪修剪工不仅按照要求修剪树木，而且还会注意将草末吹进草坪，而不是吹进琳达的花丛，或吹进卧室里。

在我的梦想世界中，旅馆更注重培养态度友好、关心顾客的经理和服务员，而不是堆满古董和在墙上挂满艺术品。甚至游泳池服务员和锁匠们都知道顾客的姓名。

在我的梦想世界中，当我打电话给电话公司、保险代理人、医院或蜡烛制造商时，能够听到接线员充满活力的回答，而不是那种程序化选择菜单，直到放下电话也找不到人，令我沮丧得落泪。

在我的梦想世界中，去银行或面包房时，能够听到"嗨，家人怎么样"，而不是大喊一声"下一个"。甚至水管修理工也会因为得到工作机会，而给我发来亲笔感谢信。

在我的梦想世界中，无论我是去买轮胎，还是去买音响设备，所有人都会微笑，称呼我"杰克"。

听上去像是乌托邦才有的生活？可能是，也可能不是。

这样一个世界听上去似乎有些稀奇古怪。人们不再冷漠、傲慢或粗鲁。他们在工作中培养起对积极的人际关系的热情。他们每天都像对待朋友一样对待顾客和员工，正如他们希望受到同样的对待一样。每一天他们都会表现出对他人的关爱。

这未必就是一个梦想。年复一年，拥抱都使我们受益无穷。拥抱也可使你们受益无穷。

所以，尝试一下吧！放下书本，给别人一个拥抱，给他们一个微笑，问问他们的孩子怎么样。拿起电话，给你最好的顾客或最重要的供货商打个电话。看看拥抱在你的生意中是否有效。我敢打赌肯定会有用。

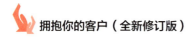

记住，所有人都喜欢拥抱！

感谢你。

也感谢我曾得到的无数个拥抱！

致 谢 HUG
YOUR CUSTOMERS

我在写书时得到了许多帮助，数十位家人、员工、朋友、顾客以及形形色色的拥抱者，都曾慷慨地帮助、支持过我，我在此向他们致以衷心的感谢和热情的拥抱。

我的妻子琳达·米切尔，永远是我生命中的挚爱。我谨在此向她致以最深切的谢意。语言根本无法表达我的感情。她为我和我们的家庭付出了很多，可以说她时刻都在为他人奉献。

琳达从物理系毕业后，曾入选美国大学优等生荣誉协会，但为使我能够读完研究生，她放弃了自己在科研领域的前程。她在家抚育我们的儿子，同时还照料着娘家的零售店，并且都干得十分出色。

后来，她帮我经营家族生意，负责女装部。如果没有她的努力，今天我们根本不会从事女装销售。在我的生命中，琳达绝对无与伦比，她在一切细节问题上提醒我，使我的性格不断完善，事业蒸蒸日上。谢谢你，我最亲爱的人。

如果没有我的弟弟比尔，我也永远不会取得成功。在服装店的每一天，在这本书的每一页，他的智慧和无与伦比的拥抱能力，都熠熠生辉。比尔作为我的合伙人已有33年，我想直到退休时也将依然如此。当然，我们在个性和能力上各有所长，相互之间也肯定存在分歧和摩擦，但是我们总是对对方怀着无条件的爱意、尊敬和包容。没有他那难以估量的巨大贡献，也就没有这本书。

我永远无法用言语表达对父亲——埃德·米切尔的谢意，他才是拥抱哲学的创始人。父亲一直是个梦想家。我相信他活得这么长（现在已有 98 岁）的主要原因，是他总在琢磨着明天、明年或以后的事。

正是父亲赋予我想象力和超前思维，而母亲赋予了我执行力和力争第一的动力。她甚至观看了我高中时作为四分卫参加的每场橄榄球赛。实际上，她就是我周一早晨的"四分卫"。她从不怀疑我，而是鼓励我反复思考，如何组织大家比赛，或如何在下一场表现得更好。

除感激他们创建埃德·米切尔公司之外，我还要感谢父亲的远见和母亲的执行力。正是我的父母制定了本店的黄金法则，即"所有员工都要亲自销售"，招待顾客时要设身处地想一想，自己作为顾客希望受到什么待遇，一定要使顾客有宾至如归之感。

对我的四个儿子——拉塞尔、鲍勃、托德和安德鲁，我要表示特别感谢。我爱他们，喜欢他们每个人。他们都很开朗，受过良好教育，是非常有趣的年轻人，在生活中很好相处，又是工作上的好帮手。我非常感谢他们在本书撰写过程中提出的建议和鼓励。

我还要感谢拉塞尔特意为本书拟就的书名。他们四人组成了出色的团队。一切似乎都十分自然，如果鲍勃讲话起个头儿，托德和安德鲁便能接上，而拉塞尔则负责结语。

　　我还要感谢比尔的三个儿子：斯科特、克里斯和泰勒。斯科特能够参与家族生意实在是我们的幸运。他总是那么奋发向上，热情洋溢，天生渴望进步和提高。克里斯刚刚加入我们的团队，已经在销售方面表现不俗。泰勒在我们的供货商布莱奥尼公司工作，只要他希望而且有合适的职位，我们都真心期待他加入家族生意。我深深感激他们的鼎力支持。

　　需要特别感谢的还有休·米切尔，感谢她对比尔的支持，感谢她经常在关键时刻提醒我们，更不用说她还将三个儿子都抚育成才。

　　最后要拥抱的家人是父亲的新夫人，缪丽尔·米切尔。她使爸爸的晚年生活再次焕发光彩。我爱她，特别是她为父亲付出的一切。

　　需要特别感谢的，还有帕梅拉·迈尔斯，她是我的助手，堪称无价之宝。我要感谢她不知疲倦地工作、积极的心态以及就本书提出的诸多建议。没有她的帮助，要写成本书对我而言几乎就是个梦。

　　当然，我还需要感谢我们杰出的顾问团，感谢他们在这些年里热情地帮助我们发展事业。特别需要感谢雷·里佐，无论是在创业中还是在写作中，他都给予了我最大的帮助。

　　大卫·鲍克是我们家族的商业顾问，鲍勃·舒尔曼是舒尔曼研究集团主席，同时也是了解顾客意见并改进客户服务方法的专家。对于他们，我只能致以无数个拥抱。

　　同样，我还要拥抱米切尔服装店和理查德服装店全体杰出的员工，他们与读者们共享了本书中所描写的拥抱文化及日常生活。

另外，我们还要拥抱那些了不起的零售商和供货商，他们是我们家族生意不可分割的组成部分，对我们帮助极大。

真诚地感谢本书编辑，玛丽·艾伦·奥尼尔。她是我的指路明灯，确保本书能够写得更好、更具可读性。还要感谢威尔·施瓦布，他从一开始就对我们的拥抱哲学深信不疑。此外，还要感谢亥伯龙出版社的全体新朋友，感谢你们宝贵的帮助和支持！

我还要对我的经纪人，雅克·德·斯普伯奇表示感谢，谢谢他的热情和明智的建议！

最后，还要感谢我的合作者桑尼·克莱因菲尔德，言辞绝对无法表达我对他的谢意。在我看来，桑尼仿佛就是文学界里的泰格·伍兹或迈克尔·乔丹。"写书"对我而言完全是种陌生的游戏，而桑尼却能"命中全部目标"，并且优雅快捷、尽善尽美。桑尼帮助我把握方向，流畅地表达观点、叙述故事，敏锐地捕捉我的特色并尽量予以保留。桑尼如同棒球手卡尔·里普肯（Cal Ripken，美国职棒大联盟球手，入选棒球名人堂）一样值得信赖，他总能在最需要的时刻出现在我身边。同时他也是一位伟大的拥抱者。

当然还需要感谢我们事业的核心：所有了不起的客户。感谢你们，感激你们，拥抱再拥抱你们。许多人向我提供了有关自己的故事和宝贵的反馈意见。我永远也不会忘记，如果不是你们提供了拥抱的机会，我们的整个事业都将暗淡无光。

共读书单 HUG
YOUR CUSTOMERS

以下是历年来我们的读者推荐的各类兼具权威性和实用性的书籍。

如何快速成长为一名金牌销售员

《黄金服务》（*The Gold Standard*）
科林·考伊（Colin Cowie）

《绝对成交话术内训手册》（*Rainmaking Conversations*）
迈克·舒尔茨（Mike Schultz）& 约翰·杜尔（John E. Doerr）

《逆势成交》（*The Sell*）
弗雷德里克·埃克伦德（Fredrik Eklund）& 布鲁斯·利特菲尔德（Bruce Littlefield）

《浪潮式发售》（*Launch*）
杰夫·沃克（Jeff Walker）

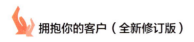

积极向上&强大的内心，必定创造人生的奇迹

《早起的奇迹》（*The Miracle Morning*）
哈尔·埃尔罗德（Hal Elrod）

《奇迹公式》（*The Miracle Equation*）
哈尔·埃尔罗德（Hal Elrod）

《时间管理的奇迹》（*Procrastinate on Purpose*）
罗里·瓦登（Rory Vaden）

《知道做到》（*Know Can Do!*）
肯·布兰佳（Ken Blanchard）& 保罗·梅耶（Paul J. Meyer）& 迪克·卢赫（Dick Ruhe）

《野蛮进化》（*Relentless*）
蒂姆·格罗弗（Tim S. Grover）& 莎莉·莱塞·温克（Shari Lesser Wenk）

《活出最佳自我》（*Best Self*）
迈克尔·拜尔（Michael Bayer）

扫码购书

[美] 杰克·米切尔　著

何荣娅　译

定价：89.80 元

《拥抱你的客户 2》

世界 500 强企业实践验证
让客户持续复购的"销冠秘籍"

如果说《拥抱你的客户》是杰克·米切尔的商业理念，那《拥抱你的客户 2》就是教你如何"拥抱客户"的实操手册，是实现业绩倍增的必胜宝典。

- 从产品驱动到服务驱动，用服务洞察直抵客户内心；

- 使用充满激情的积极话语建立情感联结，赢得客户信任；

- 巧用"情绪智力"，让客户从"被营销"转向"我要买"；

- 乘胜追击，打动客户达成连带销售，实现"三赢"！

杰克·米切尔的开创性全新著作《拥抱你的客户 2》，为冰冷的商业世界带来了温暖。作为米切尔服装连锁店的首席执行官，杰克认为，当你像专注情感联系那样专注销售时，你会与客户形成牢固而持久的关系，他们会成为回头客，使你的业绩不断增长，业务蒸蒸日上。

GRAND CHINA

中　资　海　派　图　书

《黄金服务》

[美]科林·考伊　著

李文远　译

定价：79.80 元

扫码购书

世界级体验设计师、潮流创造者
脱颖而出的终极秘诀

作为炙手可热的活动策划师，科林·考伊能为极其苛刻的客户提供难忘的"惊喜"，他认为：

- 关注细节、坚持不懈地专注于给客户创造一种未来数年都难以忘怀的体验，永远比单纯的价格战来得重要。

- 无论项目大小，他的目标都是一样的：为客户创造巅峰时刻，给他们留下难以磨灭的记忆，不仅让客户满意，更要超越他们的期望。

科林在《黄金服务》中为分享了创建客户服务文化无可争议的蓝图，任何人都可以根据自己的需求量身定制，无论你是管理者、营销人员还是崭露头角的活动策划人，你都能在本书中找到方法，吸引客户，点燃业务，并把客户变成你的品牌传播者。

[美] 迈克·舒尔茨

约翰·E.杜尔　著

孙路弘　译

定价：89.80 元

扫码购书

《绝对成交话术内训手册》

快速成交、反复签单的
RAIN 全流程销售模式

掌握 RAIN 模式的说话技巧，不仅能让你在短时间成交，还能让你的客户迫不及待，一而再、再而三跟你下订单！话术决定了销售的成败。

每一次谈话都是发现和赢得新客户、增加销售的机会。然而，大多数商务人士和销售人员在初次接触客户、全程交谈时，都会倍感吃力；由于一些常见的销售错误，最终导致交易失败。舒尔茨和杜尔总结自身几十年的销售经验，并大量研究和深入访谈众多世界 500 强企业销售组织的领导者，提出了"RAIN 全流程销售模式"。

RAIN 模式包括四个阶段：寒暄（获得客户初步好感，强化信任）、渴望和痛点（发现客户的期待及要解决的问题）、冲击力（引导客户意识到问题的严重性）和新现实（让客户透彻理解可以得到的价值）。RAIN 模式是经过反复验证的有效系统，帮助成千上万的销售人员展开强力销售对话，实现了突破性的销售业绩。

海派阅读
GRAND CHINA

**READING
YOUR LIFE**

人与知识的美好链接

20 年来，中资海派陪伴数百万读者在阅读中收获更好的事业、更多的财富、更美满的生活和更和谐的人际关系，拓展读者的视界，见证读者的成长和进步。

现在，我们可以通过电子书（微信读书、掌阅、今日头条、得到、当当云阅读、Kindle 等平台）、有声书（喜马拉雅等平台）、视频解读和线上线下读书会等更多方式，满足不同场景的读者体验。

关注微信公众号"**海派阅读**"，随时了解更多更全的图书及活动资讯，获取更多优惠惊喜。读者们还可以把阅读需求和建议告诉我们，认识更多志同道合的书友。让派酱陪伴读者们一起成长。

✻ 微信搜一搜 　🔍 海派阅读

了解更多图书资讯，请扫描封底下方二维码，加入"海派读书会"。

也可以通过以下方式与我们取得联系：

📱 采购热线：18926056206 / 18926056062　　📞 服务热线：0755-25970306

✉ 投稿请至：szmiss@126.com　　🔊 新浪微博：中资海派图书

更 多 精 彩 请 访 问 中 资 海 派 官 网　　(www.hpbook.com.cn ▷)